심 수 명 목 사 　 사 랑 설 교 집

사랑하면 행복해집니다

| 심수명 지음 |

DSU
Daseum Publishing
도서출판 다세움

사랑은 여기 있으니

우리가 하나님을 사랑한 것이 아니요

하나님이 우리를 사랑하사 우리 죄를 속하기 위하여

화목 제물로 그 아들을 보내셨음이라

사랑하는 자들아 하나님이 이같이 우리를 사랑하셨은즉

우리도 서로 사랑하는 것이 마땅하도다

어느 때나 하나님을 본 사람이 없으되

만일 우리가 서로 사랑하면 하나님이 우리 안에 거하시고

그의 사랑이 우리 안에 온전히 이루어지느니라

(요한일서 4:10~12)

This is love:

not that we loved God, but that he loved us

and sent his Son as an atoning sacrifice for our sins.

Dear friends, since God so loved us,

we also ought to love one another.

No one has ever seen God; but if we love one another,

God lives in us and his love is

made complete in us.

(1John 4:10~12, NIV)

어느 병원에서 있었던 실화입니다.

29세의 한 청년이 심한 교통사고로 병원에 실려 왔는데 그는 불행히도 혼수상태에서 깨어나질 못했습니다. 그가 할 수 있는 일은 숨 쉬는 일뿐이었습니다. 이렇게 1년이 지나면서 의사들은 회복불능이라는 최종 선고를 내렸고, 가족들도 그를 포기하려는 마음이 들었습니다. 그런데 유독 한 간호사만은 그를 포기하지 않았습니다. 아무런 반응을 하지 못하는 식물인간, 누가 보아도 깨어날 희망이 전혀 보이지 않는 그를, 간호사는 마치 정상적인 사람 대하듯 했습니다. 특히 그 간호사는 항상 그의 귀에 대고 무슨 말을 속삭여주곤 하였습니다. 그런 그녀를 보고 동료 간호사들조차 쓸데없는 짓을 한다고 비웃었습니다.

그런데 어느 날 그 청년이 기적적으로 깨어났고 한 달 후 퇴원을 하게 되었습니다. 그로부터 얼마 후, 그 청년이 병원을 찾아와 그 간호사에게 자신의 이야기를 다음과 같이 들려주었습니다.

교통사고를 당한 후 제 신체의 기능은 다 멈춘 것 같았습니다. 손가락 하나를 제 힘으로 움직일 수 없었습니다. 그런데 신기하게도 사람들의 말은 들을 수 있었습니다. 어머니의 울음소리를 들을 땐 가슴이 아팠고, 간호사들의 농담을 들을 땐 속으로 저도 웃었습니다. 그때까지만 해도 다시 일어날 수 있을 것이라는 희망을 버리지 않았습니다. 그러다가 회복 불능이라는 의사 선생님의 사형선고를 들은 이후, 저는 그만 절망에 빠지고 말았습니다. 그저 하루빨리 죽기만을 기다렸지요. 그러나 죽고 싶어도 내 스스로 죽을 수도 없는 처지가 참으로 불쌍했습니다.

그런데 어느 날부턴가 희망의 목소리가 들려왔습니다. 제 마음에 삶에 대한 희망을 다시 불어넣어주는 목소리였습니다.

"지금은 식사시간입니다. 미음 들어갑니다. 놀라지 마세요!"

"약 먹는 시간입니다. 이 약 먹고 빨리 일어나세요!"

"욕창 생기지 않도록 몸을 반대방향으로 돌려 드릴게요!"

늘 제 귀에 대고 속삭여 주는 그녀의 목소리는 저에게 사랑이었으며 동시에 큰 용기와 희망을 주었습니다. 전신이 마비되어 비록 말은 할 수 없었지만 그 분이 저에게 말을 걸어올 때마다 마음속으로 이렇게 대답했습니다.

"감사합니다. 반드시 일어나도록 하겠습니다. 그리고 퇴원하면 꼭 인사드리러 오겠습니다."

그 후 저는 그 분과의 약속을 지키려고 노력했고, 약속대로 다시 일어났습니다. 그리고 지금 약속을 지키기 위해 인사를 드리러 왔습니다.

간호사가 전해준 사랑의 메시지가, 한 영혼을 어두움에서 다시 일으켜 세워준 것처럼 진실한 사랑은 사람을 살리는 힘이 있습니다. 자신이 어떠하든지 간에 자신을 있는 그대로 존중해주고 수용해 주는 진실한 사랑을 경험할 때 우리는 행복을 느끼며 살아가야 할 이유를 발견하게 됩니다.

그러나 참사랑은 쉽게 만날 수도 없고, 경험하기도 어렵기에 우리는 참사랑을 포기한 채 눈에 보이는 가장 확실하고도 안전한 다른 것들(돈이나 쾌락 등)로 소망을 삼고 살아가곤 합니다. 물질의 풍요가 자신의 삶을 채워줄 것이라고 믿고 그것을 향해 달려가지만 정작 그것은 행복을 가져다주지 못합니다. 인간이 당면한 모든 문제-고독, 절망, 의심, 회의, 슬픔, 시기, 폭력, 가난, 질병, 불화, 범죄 등-는 하나님을 삶의 중심에서 추방했기 때문에 시작되었습니다.

그러므로 사랑의 원천자인 하나님을 만나야 합니다. 하나님의 사랑을 경험해야 합니다. 우리의 자격이나 행위나 성취와 상관없이 우리를 있는 모습 그대로 사랑하시는 조건 없는 하나님의 사랑을 만나야 합니다. 하나님을 만나게 되면 모든 문제가 해결됩니다.

저는 설교자요, 하나님의 사랑을 크게 누린 한 사람으로서 모든 성도들이 설교를 통해 하나님의 아가페 사랑을 경험하도록 해야 할 책임을 느낍니다. 설교 때마다 하나님의 아가페 사랑을 전하지만, 그래도 좀 더 집중적으로 하나님의 사랑에 대하여 전하고 싶은 마음으로 2013년에 21일간의 다니엘 세이레 기도회 기간에 하나님의 사랑을 주제로 설교를 하였습니다.

이때 설교를 묵상하고 준비한 저 뿐 아니라 참석한 성도들이 하나님의 사랑을 알고 경험하면서 많은 은혜를 받았고 행복한 시간을 가졌습니다. 뿐만 아니라 그때 받은 행복을 좀 더 많은 사람들이 누릴 수 있도록 하기 위해 설교의 내용을 좀 더 묵상하고 연구하여 이번에 『사랑하면 행복해집니다』라는 제목으로 설교집을 출간하게 되었습니다.

이미 선포한 말씀을 다시 다듬고, 좀 더 묵상하면서 전체 내용을

3부로 나누어 정리하였습니다. 1부에서는 하나님의 사랑은 무엇이며 어떤 속성을 가지고 있는지 정리하였고, 2부에서는 하나님의 사랑을 어떻게 알 수 있는지, 그리고 3부에서는 하나님을 사랑하는 자의 행복은 무엇인지 정리하였습니다.

하나님의 사랑을 경험하는 그 순간이 이 세상에서 가장 행복한 순간입니다. 그러므로 참사랑을 원하는 사람은 하나님을 만나야 합니다.

이 설교집이 하나님의 사랑을 경험하기를 갈망하는 사람들에게 하나님의 사랑을 아는 기회가 되기를 소망합니다. 또한 설교를 읽는 중에 하나님의 아가페사랑이 온 몸과 마음, 그리고 영혼에 울려퍼져서 진정한 사랑을 경험하는 축복이 있기를 기도합니다.

하나님의 사랑을 전하기 위해 부름받은

심수명 목사

사랑하면 행복해집니다

1부 하나님의 사랑

신수명목사 사랑설교집

사랑하면
행복해집니다

하나님은 사랑이시라
(요일 4:16-21)

16. 하나님이 우리를 사랑하시는 사랑을 우리가 알고 믿었노니 하나님은 사랑이시라 사랑 안에 거하는 자는 하나님 안에 거하고 하나님도 그의 안에 거하시느니라

17. 이로써 사랑이 우리에게 온전히 이루어진 것은 우리로 심판 날에 담대함을 가지게 하려 함이니 주께서 그러하심과 같이 우리도 이 세상에서 그러하니라

18. 사랑 안에 두려움이 없고 온전한 사랑이 두려움을 내쫓나니 두려움에는 형벌이 있음이라 두려워하는 자는 사랑 안에서 온전히 이루지 못하였느니라

19. 우리가 사랑함은 그가 먼저 우리를 사랑하셨음이라

20. 누구든지 하나님을 사랑하노라 하고 그 형제를 미워하면 이는 거짓말하는 자니 보는 바 그 형제를 사랑하지 아니하는 자는 보지 못하는 바 하나님을 사랑할 수 없느니라

21. 우리가 이 계명을 주께 받았나니 하나님을 사랑하는 자는 또한 그 형제를 사랑할지니라

2차 세계 대전 중, 독일군이 영국 본토를 폭격하여 런던 시가지가 불바다가 되었을 때입니다. 그때 런던에 있던 독일군 포로수용소에서도 많은 사상자가 생겨 수많은 독일군 포로들이 죽었습니다. 영국 수상 처칠은 그것을 보고 국회에 포로수용소를 좀 더 안전한 지역으로 옮길 수 있는 예산 배정을 청원했습니다. 국회의원들은 처음에 완강히 반대하였습니다. 하지만 그들은 회의를 거듭하였고, 결국 자정에 가서야 그 안건이 통과가 되었습니다.

처칠은 그의 회고록에서 그 순간 "하나님 감사합니다. 주님을 찬양합니다."라고 말했다고 기록했습니다. 원수 같은 독일군이지만 사랑을 베풀려고 했던 처칠과 영국 국민들의 마음을 하나님이 불쌍히 여기셔서 마침내 영국이 승리하게 되었다고 그는 믿은 것입니다. 후에 처칠의 회고록이 노벨 문학상을 받았는데 바로 이 대목이 결정적 영향을 미쳤다고 합니다.

오늘 본문 말씀 중에서 16절 말씀을 보면 "하나님이 우리를 사랑하시는 사랑을 우리가 알고" 라고 말씀하고 있습니다. 하나님의 사랑을 아는 강력한 두 가지 방법이 있습니다. 첫째, 경험을 통해 하나님의 사랑을 아는 것입니다. 사람은 원죄로 인해 부정적이고 상처가 많아서 사랑을 믿기 어렵습니다. 그러나 나를 사랑해주는 일관되고 따뜻한 사랑을 만나면 사랑을 받아들이게 되고 사랑을 믿게 됩니다.

예수님은 모든 사람을 사랑하셨습니다. 일관된 따뜻함으로 그 당시 사람들이 외면하는 천한 사람들도 사랑하셨습니다. 그래서 세리(죄인)인데다가 키도 작은 삭개오하고도 같은 식탁에 앉으셨습니다.

예수님은 귀신들린 사람, 인간으로 대우하기 어려운 사람까지도 깊은 사랑으로 긍휼히 여기시며 고쳐주시고 그들과 함께 교제하셨습니다. 예수님은 창녀와도 교제를 하셨습니다. 창녀 막달라 마리아가 예수님의 머리에 향유를 붓고 발을 닦도록 허락하시며 그녀의 사랑을 수용하셨습니다.

예수님은 '나와 너'의 인격적인 관계를 가지셨습니다. 예수님이 이들과 인격적인 관계를 가질 때 모두가 다 싫어했습니다. 왜냐하면 그 사람들이 '공개적인 죄인들'이기 때문이었습니다. 그러나 주님은 사람들의 비판에도 불구하고 그들을 더 깊이 사랑하셨습니다. 그들에게 하나님의 사랑이 어떠한지 알려주고 싶었기 때문입니다. 이 사람들은 예수님과의 만남으로 하나님의 사랑을 가슴 깊이 경험하게 되었습니다.

그러나 사람들은 다 주관적입니다. 인간은 근본적으로 죄성이 있고 상처가 있기 때문에 사랑의 경험을 자기 나름대로 해석하는 경향이 있는 것입니다. 이렇게 자기 경험을 가지고 하나님의 사랑이 이러니저러니 말하는 것은 매우 잘못된 시각이 될 수 있습니다. 우리의 경험을 절대적인 것으로 의지하면 안 되는 것입니다.

하나님의 사랑을 아는 두 번째 방법이 아주 중요합니다. 그것은 성경말씀을 통해 하나님의 사랑을 알아가는 것입니다. 우리가 사랑의 경험을 할 때 그 사랑이 참사랑인지 아닌지를 판단할 수 있는 절대적인 기준이 성경입니다.

오늘 본문은 말씀합니다.

"하나님은 사랑이시라"

하나님 자체가 사랑이라는 말씀입니다. 하나님이 하시는 모든 말씀과 행동이 다 사랑이라는 것입니다. 그런데 하나님의 사랑에 대한 오해가 있습니다. 나를 사랑하시면 따뜻하고 부드럽게만 대해주어야 한다는 것입니다. 사람들은 누구나 부드럽고 따뜻하고 좋은 면만 수용하려 합니다. 그래서 하나님이 우리를 칭찬하시고 축복하시는 모습만 사랑으로 해석하려 합니다. 하나님이 우리의 잘못된 모습을 수정하려고 책망하거나 도전하실 때 우리는 그것을 사랑이라고 생각하지 않습니다.

하나님이 내 삶에 함께 하시는 모든 모습이 다 사랑인데 우리는 보고 싶은 것만, 내 취향에 맞는 모습만 사랑으로 접수하는 것입니다. 살아가면서 조금만 힘들어지면 "이건 사랑이 아니야." 라고 해석하며 거부합니다. 그래서 고난과 질병은 사랑이 아니며 책망이나 징계는 사랑이 아니라고 느낍니다. 이런 것들을 수용하고 싶은 마음이 없습니다. 사실 모든 사람들이 다 비슷할 것입니다. 인간의 성향이 그렇습니다.

그러나 이것은 분명 우리의 오해입니다. 이 오해를 수정해야 합니다. 나를 향한 하나님의 모든 모습이 다 사랑입니다. 하나님의 모든 말씀과 행동이 다 사랑입니다.

늘 웃는 어느 목사님 이야기입니다. 이 목사님은 늘 웃습니다. 보기만 해도 온유함과 사랑이 느껴집니다. 그런데 그분이 처음부터 웃으며 사람을 대하는 분이 아니었습니다. 목사님이 고등학교 시절에 교회 생활을 할 때 열심이 특심이었습니다. 그러나 삶의 모습은 지나치게 율법적이고 자기 기준에 맞지 않으면 남을 정죄하는 무서운 모습이 많았습니다.

이 분은 성경 적용을 너무 엄격하게 해서 오른손이 하는 것을 왼손이 모르도록 하라 하신 말씀을 읽고 왼손이 모르게 하기 위해 왼손을 며칠씩 주머니에 넣고 다닌 적도 있었습니다.

"음욕을 품고 여자를 보는 자마다 이미 간음 하였느니라"는 말씀을 읽고는 예쁜 여자에게 눈길이 가는 자신의 모습 때문에 교회만 오면 울면서 회개하였습니다. 또 교회 어른들은 다 무시하며 존경하지 않았습니다.

"저 집사님은 아직 담배 피우고, 저 장로님은 새벽기도에 나오지 않으며, 저분은 봉사에 열심이 없다."

이런저런 흠을 잡아 마음으로 정죄하였습니다. 그런데 우리 목사님은 그런 사람을 교회 중직으로 세운 것을 보니 우리 목사님도 삯군임에 틀림없다고 생각했습니다.

한 번은 교회 다니던 친구가 '생활의 어려움과 여학생으로부터 실연'당한 일로 자살을 시도했습니다. 병원에 있는 그 친구를 찾아가 "네가 정말 예수 믿는 사람이냐? 그렇다면 어떻게 자살을 할 수 있느냐?"며 책망했습니다. 그 친구는 아무 말도 하지 못하고 울기만 했습니다.

이렇게 늘 자신만만하던 그가 시험에 빠졌습니다. 고등학교를 졸업하고 신학교에 가려고 하는데, 부모님이 반대하며 등록금을 주지 않아 입학을 하지 못한 것입니다. 그때 크게 낙심하여 하나님을 원망합니다. 하나님을 위해 사는 나를 돕지 않으시는 하나님은 살아계신 분이 아니라며, 하나님을 부인하는 상황에까지 이르게 되었습니다. 고등학교 시절, 예수님을 잘 믿는 것 같았지만 한 번의 시험에 무너지고 만 것입니다.

몇 년의 방황 끝에 다시 예수님께로 돌아온 그는 자신의 교만을 깊이 깨닫게 되었습니다. 율법적인 기준으로 자신이 얼마나 많은 사람을 실족시켰는가를 깨닫고 회개하게 되었습니다. 그는 하나님의 사랑으로 다시 신학교에 갈 수 있었고, 마침내 목사가 되었습니다.

그의 많은 실패가 그를 '사랑의 목사'로 만든 것입니다. 실패 그 자체가 문제가 아닙니다. 실패를 통해 교훈 받을 때 실패는 나를 하나님의 사람으로 성숙하게 다듬는 도구가 됩니다.

이처럼 자신의 문제를 인정하고 실패를 사랑으로 수용하면 성숙해집니다. 하지만 대다수의 사람들은 어린 아이와 같은 마음으로 우리에게 선물만 주시는 산타크로스 같은 하나님을 믿고 싶어 합니다. 이것은 마치 우리가 우리 뇌를 아주 조금만 사용하는 것과 같습니다.

사람은 어마어마한 뇌의 능력 중에서 겨우 2-3%만 사용하다가 죽는다고 합니다. 이처럼 하나님의 사랑의 아주 작은 일부, 사랑의 부스러기만 먹고 사는 모습이 우리의 모습입니다. 놀라우리만큼 풍성한 하나님의 사랑을 너무나 적게 누리고 있는 것입니다. 사랑 그 자체이신 하나님을 우리는 너무나 모르는 것입니다.

"하나님은 사랑이시라"

이 얼마나 놀라운 하나님에 대한 정의인지요. 이 우주가 온통 하나
님의 사랑을 노래합니다. 우리 인생 모든 순간순간이 하나님의 사랑을
드러냅니다. 성공할 때도, 실패할 때도, 잘 될 때도, 고난이 있을 때도,
성공했을 때도, 실수하고 죄를 범했을 때도, 하나님의 사랑은 동일하
게 내 삶을 온통 뒤덮고 있습니다. 성경 66권 전체가 하나님의 사랑의
메시지입니다. 하나님은 사랑 그 자체입니다. 사랑이 많으신 하나님이
아니라, 하나님이 사랑 그 자체이십니다. 하나님은 겉도 속도 모두 똑
같이 사랑이십니다. 이것을 우리가 알아야 합니다.

'하나님이 나를 사랑하신다'는 것은 감상적인 이야기가 아닙니다.
내가 느끼든 느끼지 못하든, 그것은 영원히 변치 않는 사실이요 진리
입니다. 하나님과 사랑은 동의어입니다. 사랑은 하나님의 속성이라기
보다 하나님 자체가 사랑이십니다. 그러므로 하나님의 모든 속성은 사
랑의 속성입니다. 하나님의 거룩, 공의, 심판 역시 하나님의 사랑인 것
입니다.

우리는 하나님께 손을 내밀어 "내가 원하는 걸 주세요. 그래야 사
랑입니다."라고 고집을 부립니다. 하지만 생각해 보십시오. 자녀를 진
정으로 사랑하는 부모는 자녀가 달라고 해도 자녀가 원하는 것을 다

주지 않습니다. 자녀에게 유익하지 않은 것은 주지 않습니다. 또 아직 어려서 감당할 수 없는 것은 주지 않습니다. 좀 더 큰 다음에 감당할 수 있을 때가 되면 기쁘게 줍니다. 하지만 자신이 원하는 것을 당장 주지 않는 부모님을 보면서 "나를 사랑하시는구나." 하고 느끼는 자녀는 많지 않을 것입니다.

그렇다고 하나님의 사랑이 없는 것이 아닙니다. 내가 사랑을 믿지 못하는 것뿐입니다. 이미 내 주변에는 하나님의 사랑으로 충만합니다. 우리는 우리의 느낌, 감정만을 가지고 하나님의 사랑을 정의하기 때문에 늘 오해합니다. 가장 확실하게 하나님의 사랑을 알 수 있는 방법은 바로 성경말씀입니다. 그래서 말씀 속에서 하나님의 사랑이 어떤 것인지 배우고 익히며 그 사랑을 누려야 하는 것입니다.

하나님이 우리를 사랑하시는 사랑을 우리가 알고 (요일 4:16)

하나님의 사랑을 깊이 알아야 합니다. 하나님의 사랑은 다른 모든 사랑들과 다릅니다. 우리가 하나님의 사랑을 이해하기 위해 부모의 사랑과 비교해서 이야기하기도 합니다. 그러나 하나님의 사랑은 부모님의 사랑이나 부부나 연인 간의 사랑과 같은 수준이 아닙니다. 이 땅의 모든 사랑은 그 수준이 율법적이요, 조건적입니다. 자기 마음에 들어야 사랑합니다.

"네가 나에게 하는 만큼 나도 너에게 대해주겠다. 어디 잘 해 봐라."

이것은 참사랑이 아닙니다. 그러면 어떤 사랑이 참사랑입니까? 예수님이 나를 위해 목숨을 버리신 사랑, 그것이 참사랑입니다. 예수님이 나를 사랑하신 것처럼, 주님의 사랑을 배워 그 사랑을 따라 하는 것이 참사랑입니다. 우리의 인간적인 사랑은 아무리 숭고한 사랑처럼 보여도 하나님의 사랑으로 거듭나야 합니다. 타락으로 인해 인간의 사랑이 다 병들었기 때문입니다.

오늘 우리 본문은 위대한 말씀을 합니다.
"하나님은 사랑이시라"
하나님의 자녀는, 하나님께서 하시는 모든 일을 사랑으로 수용합니다. 믿음으로 세상을 보면 어디를 보아도 다 하나님의 사랑입니다. 어떤 일이 벌어진다 해도 다 하나님의 사랑으로 해석하며 믿는 성도가 되시길 축원합니다. 이 믿음이 대단한 믿음입니다. 사나 죽으나 나는 하나님만 의지합니다. 이 믿음이 절대적입니다.

그러므로 '하나님은 사랑이시라'는 사실을 믿는 사람은 두려움이 없습니다.

> 사랑 안에 두려움이 없고 온전한 사랑이 두려움을 내쫓나니 두려움에는 형벌이 있음이라 두려워하는 자는 사랑 안에서 온전히 이루지 못하였느니라 (요일 4:18)

유명한 성경 주석가 벵겔(Bengel)은 이 말씀을 4단계로 설명합니다. "사랑도 두려움도 둘 다 없다면 무지함이요, 사랑 없이 두려움만 있다면 율법이요, 사랑도 두려움도 다 있다면 갈등이요, 두려움이 없는 사랑 그것이 믿음이다."

하나님이 나의 미래를 책임지신다는 확신과 믿음 때문에 미래에 대한 불안이 사라집니다. 사랑 안에 두려움이 없습니다. 하나님을 대해도 두려움이 없고, 이웃을 대해도 두려움이 없습니다. 세상만사 아무리 바뀌어도 환경에 영향을 받지 않습니다. 나는 전능하신 하나님의 사랑 안에서 살기 때문에 아무 두려움이 없습니다. 자신감이 넘치는 겁니다. 참사랑, 그 안에는 평화와 용기와 창의력이 있는 겁니다.

여러분, 사람이 하나님을 왜 두려워할까요? 사람이 죄를 범하기 때문입니다. 사람이 죄를 지으면 그 죄를 한 번만 짓는 것이 아닙니다. 반복해서 계속 죄를 범하는 것입니다. 그때 '이런 나를 하나님이 용서하실까? 나를 사랑하지 않으실 거야.'라는 양심의 고발이 있습니다. 그래서 하나님의 사랑을 믿기가 어렵습니다. 하나님의 사랑을 믿지 않는 사람은 마음속에 항상 두려움과 불안이 있습니다. 하나님의 사랑을 믿지 않는 사람은 심판을 두려워할 수밖에 없습니다.

하나님의 사랑을 믿지 않으면 하나님이 너무 무섭게 여겨집니다. 하나님은 나를 다 아십니다. 나의 현재도, 미래도 아십니다. 언젠가 하나님이 나에게 심판하실 텐데 내가 지은 죄로 인해 무서운 형벌을 받을 것이 상상이 됩니다. 그래서 죽음을 두려워합니다.

17절을 보십시오.

> 이로써 사랑이 우리에게 온전히 이루어진 것은 우리로 심판 날에
> 담대함을 가지게 하려 함이니 (요일4:17)

하나님의 사랑을 믿는 사람은 심판을 두려워하지 않습니다. 하나님이 나의 현재의 실수와 죄, 미래의 실수와 죄까지 다 담당하려고 아들을 십자가에 죽게 하셨습니다. 그 사랑의 확신 때문에 감사와 감격이 넘치는 것입니다.

여러분, 죄가 무엇입니까? 많은 사람들이 죄를 정의할 때, 윤리와 도덕을 기준으로 죄를 정의합니다.

"윤리적으로 살아가는 것은 선이고, 비윤리적으로 살아가는 것은 죄다."

이렇게 생각을 합니다.

그러나 성경에서 죄란 단 두 가지입니다. 하나는 하나님의 사랑을 받아들이지 아니하는 것, 예수님을 믿지 않는 것이 죄고, 둘째는 하나님을 사랑하지 않는 것이 죄라고 말씀하고 있습니다.

> 만일 누구든지 주를 사랑하지 아니하면 저주를 받을지어다 (고전
> 16:22)

성경은 죄를 윤리적으로나 도덕적 기준으로 정의하지 않습니다. 여기에 관한 확실한 증거가 호세아서에 기록되어 있습니다. 하나님께

서 호세아를 찾아오셔서 말씀하십니다.

> 너는 가서 음란한 여자를 맞이하여 음란한 자식들을 낳으라 (호
> 1:2)

호세아는 하나님의 명령이시기에 할 수 없이 고멜을 사랑하기로 결심합니다. 그리고 결혼했습니다. 슬하에 2남 1녀, 자녀도 낳았습니다. 그런데 어느 날 밤, 잠을 자다가 옆자리가 허전해서 돌아보았더니 고멜이 사라지고 없습니다. 수소문해 보았더니 다시 옛날 어두운 자리, 창녀촌으로 스스로 찾아간 것입니다.

호세아는 하나님께 호소합니다.

"하나님, 이럴 줄 알았습니다. 별 수 있습니까? 내가 사랑한다고 그 사람이 변화되겠습니까? 보세요, 또 다시 죄악으로 창녀로 돌아갔습니다."

그러나 하나님은 말씀하십니다.

> 너는 또 가서 타인의 사랑을 받아 음녀가 된 그 여자를 사랑하라
> (호 3:1)

"하나님, 제발 이것만은 순종할 수 없습니다."

버텨보지만 하나님은 말씀하십니다.

"아니야. 그럴수록 더욱 사랑해 주어라."

호세아는 그 어두운 골목에 들어가 몸값을 지불하고, 고멜을 다시 집으로 데리고 왔습니다.

여러분, 죄인인 사람은 사랑하기가 이렇게 어렵습니다. 여기에서 호세아는 하나님을 상징합니다. 고멜은 죄인인 우리를 상징합니다. 그렇다면 하나님은 결코 우리의 도덕이나 윤리를 보고 사랑하는 것이 아닙니다. 도덕적인 기준에서 보는 인간은 악하고 더럽고 부패하고 버려진 존재이기에 하나님은 우리를 더욱 불쌍히 여기며 사랑하시는 것입니다.

우리는 여기에서 인간에게 절대적인 선을 결코 요구하지 않으시고 예수님만 믿고 의지하라는 하나님의 사랑을 보게 됩니다. 그러므로 하나님의 사랑을 누리는 사람, 그 사랑 안에 거하는 사람은 죄로 인해 두려워하지 않습니다. 내 죄는 주님의 십자가로 이미 영원히 용서되었습니다. 하나님의 사랑을 진정으로 알고 경험한 사람은 하나님을 사랑하려 합니다. 실수하고 넘어져도 오직 하나님만 사랑하려 합니다.

이 사랑은 사랑의 근원이신 하나님으로부터 먼저 시작되었습니다. 내가 먼저 하나님을 사랑한 것이 아닙니다.

우리가 사랑함은 그가 먼저 우리를 사랑하셨음이라 (요일 4:19)

언제부터 하나님이 우리를 사랑하셨습니까?

곧 창세전에 그리스도 안에서 우리를 택하사 우리로 사랑 안에서 그 앞에 거룩하고 흠이 없게 하시려고 (엡 1:4)

창세전에 우리를 택하셨습니다. 하나님께서 창세전부터 우리를 사랑하셨습니다. 우리가 이 땅에 태어나기도 전부터 이미 우리를 사랑하셨습니다. 그리고 타락한 우리에게 하나님께서 성령으로 찾아오셔서 끝없이 사랑을 부어주시는 것입니다.

사도행전 2장 44-45절 말씀에 보면, 성령의 임재 속에 사는 사람들의 삶이 어떻게 변화되었는지를 기록하고 있습니다.

> 믿는 사람이 다 함께 있어 모든 물건을 서로 통용하고 또 재산과 소유를 팔아 각 사람의 필요를 따라 나눠 주며 (행 2:44-45)

성령이 임하면 하나님의 사랑이 우리 안에 들어옵니다. 하나님의 사랑이 우리 안에 들어오면 하나님의 사랑이 나를 통해 다른 사람에게 흘러가게 되어 있습니다.

여러분, 우리가 하나님의 아가페 사랑을 경험하면 우리의 이기적인 사랑이 방향을 바꾸게 됩니다. 늘 이기적이던 사람이 점점 이타적이고 점점 하나님께 순종하며 점점 하나님이 기뻐하시는 삶을 살아가게 됩니다.

본문 20절을 보십시오.

> 누구든지 하나님을 사랑하노라 하고 그 형제를 미워하면 이는 거짓말하는 자니 보는 바 그 형제를 사랑하지 아니하는 자는 보지 못하는 바 하나님을 사랑할 수 없느니라 (요일 4:20)

예수님을 만난 인생, 예수님의 사랑을 경험한 사람은 변화된 삶을 살아갑니다. 그것은 영혼을 사랑하는 것입니다. 진실이 없는 말을 '영혼 없는 말, 영혼 없는 이야기'라고 합니다. "하나님은 사랑이시라" 이 말이 영혼 없는 고백이 되어서는 안 됩니다.

　하나님이 나를 사랑하신다는 말이 진실로 믿어지는 성도되시길 축복합니다.

　하나님이 나를 사랑하시기에 늘 자신감이 넘치는 성도가 되시길 축원합니다.

사랑하면 행복해집니다

2 아들을 버리신 사랑
(막 15:33-39)

33. 제육시가 되매 온 땅에 어둠이 임하여 제구시까지 계속하더니

34. 제구시에 예수께서 크게 소리 지르시되 엘리 엘리 라마 사박다니 하시니 이를 번역하면 나의 하나님, 나의 하나님 어찌하여 나를 버리셨나이까 하는 뜻이라

35. 곁에 섰던 자 중 어떤 이들이 듣고 이르되 보라 엘리야를 부른다 하고

36. 한 사람이 달려가서 해면에 신 포도주를 적시어 갈대에 꿰어 마시게 하고 이르되 가만 두라 엘리야가 와서 그를 내려 주나 보자 하더라

37. 예수께서 큰 소리를 지르시고 숨지시니라

38. 이에 성소 휘장이 위로부터 아래까지 찢어져 둘이 되니라

39. 예수를 향하여 섰던 백부장이 그렇게 숨지심을 보고 이르되 이 사람은 진실로 하나님의 아들이었도다 하더라

어떤 선교사님이 인도네시아 오지에서 사역할 때의 일입니다. 너무 오지라서 학교가 없어 아이를 말레이시아로 보내야만 했습니다. 어린 나이에 아빠와 떨어져야만 하는 아이는 막 울어댔습니다. 그렇게 아빠와 헤어지기 싫어하는 아이를 억지로 떼어 놓고 돌아오는 길에 선교사님은 울던 아이가 자꾸 눈에 밟혀서 마음이 아팠습니다.

그래서 선교사님은 울면서 하나님께 원망을 늘어놓았습니다.

"하나님, 선교를 시키시더라도 기왕이면 자식과 같이 지낼 수 있게 하시지 왜 이렇게 어린 자식과 생이별을 하게 하십니까?"

그때 주님께서 이런 음성을 들려주셨다고 합니다.

나에게도 너처럼 아들이 하나 있었단다. 2천 년 전에 내가 내 아들을 세상에 보냈었지. 그 아들이 내가 맡긴 사명을 두고 겟세마네 동산에서 깊은 고민에 빠져 이렇게 기도했다.

"아버지여, 이 죽음의 잔을 정녕 제가 마셔야 합니까?"

그때 나는 침묵했단다. 내 아들이 내게 죽음의 잔을 옮겨 달라고 애원했을 때 나는 침묵할 수밖에 없었다. 결국 내 아들은 그 죽음의 잔을 받아들이고 골고다로 걸음을 옮겼다. 내 아들을 환호하던 백성들이 종려나무를 흔들던 그 손으로 내 아들을 내리치고 가시 면류관을 씌우고 조롱하고 침을 뱉었단다. 내 아들은 그렇게 모든 사람에게서 버림을 받고 십자가에서 죽음을 맞이했지. 그러나 그 무엇보다 내게 가장 큰 충격을 준 것은 바로 내 아들이 십자가에서 내게 부르짖은 말이었다.

"나의 하나님, 나의 하나님, 왜 나를 버리십니까?"

내 아들은 십자가에 달리기 전까지 단 한 번도 나를 하나님이라고 부른 적이 없었지. 항상 나를 '아버지'라고 불렀단다. 그런데 십자가에서 온 인류의 죄를 짊어지고 죽는 그 순간 나는 아들을 외면할 수밖에 없었다. 아들의 그 절규와 고통에 내 마음은 찢어지는 듯 아팠지.

내가 왜 너의 마음을 모르겠니. 그러나 누군가의 희생이 있어야 구원이 있지 않니? 내가 너와 네 아들의 희생을 결코 잊지 않으마.

선교사님은 눈물을 흘리며 하나님의 은혜에 감동하였습니다. 하나님의 마음을 알고 자신의 마음을 추스르며 그 아들을 더욱 위로하였습니다.

제구시에 예수께서 크게 소리 지르시되 엘리 엘리 라마 사박다니 하시니 이를 번역하면 나의 하나님, 나의 하나님 어찌하여 나를 버리셨나이까 하는 뜻이라 (막 15:34)

예수님이 십자가 위에서 하신 절규는 육체적인, 정신적인 고통뿐 아니라 하나님 아버지에게서 버림받는 영적 고통의 극한 상황 속에서 부르짖은 절규입니다. 예수님은 그 순간 하나님의 아들이 아니라 인간의 모든 죄를 짊어진 '죄 자체'였고, 하나님은 이를 외면하셨습니다.

그 고통이 예수님에게 얼마나 컸겠습니까? 그런데도 하나님께서는 우리를 대신하여 죄 없는 자신의 아들이 심판 받아야 하기에 십자가 위에서 절규하는 아들의 애원을 외면하십니다. 그때 하나님 아버지의 마음이 얼마나 아프고 슬프셨으면 태양이 빛을 잃고 온 세상이 어두워졌겠습니까?

오늘 본문의 내용은 아주 간단한 사건입니다. 예수님께서 아침 9시에 재판을 받으시고, 정오 12시에 십자가에 못 박히셔서, 오후 3시에 죽으신 내용입니다. 밤새도록 혹독한 고문을 당하신 예수님은 아침 9시에 사형언도를 받고 곧바로 십자가를 지고 골고다 언덕을 오르게 됩니다. 역사가들에 의하면 그 당시 십자가는 60-80Kg이나 되는 통나무 십자가였다고 합니다. 예수님은 지난 밤에 심문을 받느라 한잠도 못 잔 상태에서 로마 군인들의 채찍과 발길질, 그리고 십자가의 무게를 견디느라 지쳐 자꾸만 쓰러질 수밖에 없었습니다.

십자가는 내가 져야 할 인생의 무거운 짐입니다. 예수님이 십자가 위에서 내가 져야할 육체적, 정신적, 영적인 짐을 대신 져주셨습니다. 그래서 예수님은 이렇게 말씀하신 것입니다.

> 수고하고 무거운 짐 진 자들아 다 내게로 오라 내가 너희를 쉬게
> 하리라 (마 11:28)

예수님은 내가 져야할 평생의 짐을 대신 져주십니다. 죄 없으신 예수님이 왜 이처럼 비참하게 죽으셔야 했던가요? 나의 죄 때문입니다. 내가 받아야 할 심판을 대신 받으신 것입니다. 나의 평생을 책임지기 위해 대신 죽으신 것입니다.

이사야 53장 5-6절은 메시아를 이렇게 설명합니다.

> 그가 찔림은 우리의 허물 때문이요 그가 상함은 우리의 죄악 때
> 문이라 그가 징계를 받으므로 우리는 평화를 누리고 그가 채찍에
> 맞으므로 우리는 나음을 받았도다 우리는 다 양 같아서 그릇 행
> 하여 각기 제 길로 갔거늘 여호와께서는 우리 모두의 죄악을 그
> 에게 담당시키셨도다 (사 53:5-6)

우리는 모두 양처럼 길을 잃고 각기 제 갈 길로 흩어졌으나, 하나님께서 우리 모두의 죄악을 그에게 담당시키셨습니다. 그래서 예수님

은 죄인의 모양으로 오셔서 죄인들의 친구가 되어 주셨다가, 죄인의 신분으로 죽으신 것입니다. 죄인이 받아야 할 심판을 대신 받으신 것입니다.

이것이 하나님 사랑의 절정이었습니다. 성경 전체가 하나님의 사랑을 말씀하고 있습니다. 그런데 그 사랑은 십자가로 나타납니다. 십자가가 성경 전체의 핵심입니다.

창세기는 처음부터 십자가로 시작했습니다. 아담이 범죄 했을 때 하나님이 가죽옷을 지어 입혔습니다. 가죽옷은 동물을 죽여야만 생기는 옷입니다. 이스라엘 백성이 출애굽 할 때 양의 피를 문 인방과 문설주에 바릅니다. 문설주는 수직목이고 문 인방은 수평목이기 때문에 어린 양의 피를 발랐다는 것은 전형적인 십자가의 모습입니다. 유월절 어린 양부터 시작해서 요한계시록에 나오는 어린 양까지 모든 성경은 십자가에 달린 예수님의 사랑을 나타내는 말씀으로 가득 차 있습니다.

어떤 신학자가 인도 캘커타에서 선교할 때 한 노인이 길에서 이렇게 얘기하는 것을 듣게 되었습니다. 그 노인과 한 동네의 친구였던 사람이 예수를 믿는 노인에게 이렇게 말합니다.

"너는 우리가 믿는 힌두교의 많은 남신과 여신들로 만족할 수 없었니?"

노인의 대답이 멋집니다.

"그들 가운데 나를 위해 죽은 신은 아무도 없었기 때문이야."

할렐루야! 그렇습니다. 예수님만이 나를 위해 십자가에서 죽으신 사랑의 구세주이십니다. 이것이 기독교의 본질이요, 핵심입니다. 공자, 맹자, 석가, 마호메트도 십자가를 지지 않았습니다. 예수님만이 나를 위해 십자가에서 죽으신 사랑의 구주이십니다.

그런데 오늘 본문에 보면 특이한 일이 두 가지 소개되어 있습니다.

하나는 그 당시 십자가 사형을 집행했던 로마군 장교 백부장의 일화입니다.

그는 예수님을 계속 지켜보면서 이상하다고 생각했는데, 십자가 죽음을 목격한 뒤 뭐라고 고백합니까?

예수를 향하여 섰던 백부장이 그렇게 숨지심을 보고 이르되 이 사람은 진실로 하나님의 아들이었도다 하더라 (막 15:39)

유대인들은 예수님을 정죄하고 죽게 했지만, 가장 가까이 지켜본 그로서는 죄를 찾아볼 수 없었고, 오히려 예수님이 하나님의 아들 메시아임을 고백한 겁니다. 전승에 의하면, 이 백부장이 나중에 예수님을 영접하고 십자가 복음을 전하다 순교했다고 합니다.

예수님의 십자가를 경험한 사람은 예수님을 구세주로 고백하지 않을 수 없습니다. 그 죽음이 의인의 죽음이며, 나를 위한 죽음이라는 것을 믿게 됩니다.

또 하나 놀라운 사건은 성전의 성소 휘장이 찢어진 것입니다. 예수님은 골고다 언덕의 십자가에 달려 운명하셨습니다. 골고다는 예루살렘 성 밖에 위치합니다. 그런데 멀리 예루살렘 성 안의 성전에서 성소 휘장이 찢어졌다는 겁니다.

성전 안에는 성소와 지성소가 있습니다. 지성소에는 1년에 한 번 대속죄일에 대제사장이 백성들을 대표하여 양의 피를 가지고 들어가 속죄 제사를 드립니다. 그 외에는 아무도 들어갈 수 없습니다. 들여다볼 수도 없습니다. 만일 그러면 큰일 납니다. 즉사합니다. 심지어 대제사장도 속죄 제사를 잘 드리면 하나님을 순조롭게 만나지만, 만일 실패하면 죽게 됩니다.

출애굽기 28장 34-35절을 보면, 대제사장이 속죄 제사를 드리러 들어갈 때 옷 가장자리에 방울을 달고 들어갑니다. 제사에 실패하면 방울 소리가 멈춥니다. 즉사하는 겁니다. 죄인은 하나님을 볼 수 없기 때문입니다. 만일 이런 불상사가 생기면, 미리 묶어놓은 밧줄을 잡아당겨 시신을 끌어냅니다.

지성소가 이렇게 무서운 곳입니다. 그런데 예수님이 운명하신 바로 그 순간 지성소 앞에 드리워져 있던 휘장이 찢어진 것입니다. 마침 그날은 유월절이라 제사장들이 그 시각에 성소에 들어가서 일을 보고 있었을 겁니다. 그런데 그 안쪽 지성소를 가로막고 있던 휘장이 위에서 아래로 쫙 찢어졌으니 얼마나 기겁을 했을까요?

더 놀라운 것은 지성소가 훤히 들여다보이는데 아무도 죽지 않았다는 사실입니다.

이것은 예수님의 십자가 대속을 통해 믿는 자는 누구든지 하나님 앞에 담대히 나아갈 수 있게 되었음을 상징합니다. 성소 휘장은 예수님의 몸입니다. 예수님의 몸을 찢으심으로 하나님과 사람 사이에 막힌 담을 허물어주신 것입니다.

> 그는 우리의 화평이신지라 둘로 하나를 만드사 원수 된 것 곧 중간에 막힌 담을 자기 육체로 허시고 (엡 2:14)

이제는 누구나 예수님을 통해서 담대히 하나님 앞에 나아갈 수 있게 되었습니다. 하나님의 사랑과 긍휼과 자비를 마음껏 누릴 수 있게 된 것입니다.

전에는 사탄이 우리를 송사하면 꼼짝없이 당해야 했습니다.

"너는 죄인이야. 하나님이 너의 기도는 듣지 않으셔."

"네 주제에 어떻게 하나님의 사랑을 받을 수 있겠어."

그러나 예수 안에서 담대히 외칠 수 있습니다.

"그래, 나는 죄인이야. 그러나 예수님이 나의 죄를 모두 용서해주셨어."

"그래, 나는 사랑받을 자격이 없는 사람이야. 그러나 예수님이 내게 자격을 주셨어. 하나님은 영원히 나를 사랑하셔."

담대한 믿음을 가지고 하나님의 보좌 앞에 나아갈 수 있습니다.

온 인류의 죄를 대신하여 예수님께서 대가를 치르셨습니다. 하나님의 사랑은 말뿐인 사랑이 아니라 대가를 지불한 사랑입니다. 대가를 지불하지 않은 사랑, 증명되지 않은 사랑은 사랑이 아닙니다.

하나님은 어마어마한 대가를 지불하시면서까지 나를 사랑하셨습니다.

십자가의 보혈로 우리의 모든 죄와 수치를 다 깨끗하게 씻어 주셨습니다.

완벽하게 씻어 주셨습니다.

그 죄와 사망의 권세에서 나를 해방시켜 주셨습니다.

아들을 버리신 하나님의 사랑, 그 사랑을 붙잡는 성도가 되시길 축원합니다.

사랑하면 행복해집니다

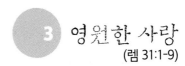

3 영원한 사랑
(렘 31:1-9)

1. 여호와의 말씀이니라 그때에 내가 이스라엘 모든 종족의 하나님이 되고 그들은 내 백성이 되리라

2. 여호와께서 이같이 말씀하시니라 칼에서 벗어난 백성이 광야에서 은혜를 입었나니 곧 내가 이스라엘로 안식을 얻게 하러 갈 때에라

3. 옛적에 여호와께서 나에게 나타나사 내가 영원한 사랑으로 너를 사랑하기에 인자함으로 너를 이끌었다 하였노라

4. 처녀 이스라엘아 내가 다시 너를 세우리니 네가 세움을 입을 것이요 네가 다시 소고를 들고 즐거워하는 자들과 함께 춤추며 나오리라

5. 네가 다시 사마리아 산들에 포도나무들을 심되 심는 자가 그 열매를 따기 시작하리라

6. 에브라임 산 위에서 파수꾼이 외치는 날이 있을 것이라 이르기를 너희는 일어 나라 우리가 시온에 올라가서 우리 하나님 여호와께로 나아가자 하리라

7. 여호와께서 이와 같이 말씀하시니라 너희는 여러 민족의 앞에 서서 야곱을 위하여 기뻐 외치라 너희는 전파하며 찬양하며 말하라 여호와여 주의 백성 이스라엘의 남은 자를 구원하소서 하라

8. 보라 나는 그들을 북쪽 땅에서 인도하며 땅 끝에서부터 모으리라 그들 중에 는 맹인과 다리 저는 사람과 잉태한 여인과 해산하는 여인이 함께 있으며 큰 무리를 이루어 이 곳으로 돌아오리라

9. 그들이 울며 돌아오리니 나의 인도함을 받고 간구할 때에 내가 그들을 넘어 지지 아니하고 물 있는 계곡의 곧은 길로 가게 하리라 나는 이스라엘의 아버 지요 에브라임은 나의 장자니라

우리는 그동안 하나님의 사랑에 대해 계속 생각해 왔습니다. 저는 사람들을 대하고 많은 책을 보면서 사람들이 하나님의 사랑에 대해서 많은 오해를 하고 있음을 알게 되었습니다. 이 오해에서 벗어나야 하나님의 사랑에 대한 확신을 가지게 되고 삶이 늘 행복해질 수 있습니다.

사랑의 오해 중 제일 심각한 것이 하나님이 나를 사랑하신다면 왜 어려움을 주시는가 하는 것입니다. 여러분, 이 대목에서 하나님의 진심을 한 번 더 확인하겠습니다.

> 여호와의 말씀이니라 너희를 향한 나의 생각을 내가 아나니 평안이요 재앙이 아니니라 너희에게 미래와 희망을 주는 것이니라
> (렘 29:11)

하나님의 진심은 우리에게 재앙을 주는 것이 아닙니다. 이 말씀을 믿으시길 축복합니다. 재앙이 아니요, 평안과 미래의 희망을 주는 것이 목적이라고 말씀합니다. 얼마나 감사합니까?

뿐만 아니라 이사야 54장 9절에서 하나님께서 우리에게 노하지 않으시고 책망하지 않기로 맹세한다고 말씀하십니다.

> 이는 내게 노아의 홍수와 같도다 내가 다시는 노아의 홍수로 땅위에 범람하지 못하게 하리라 맹세한 것 같이 내가 네게 노하지 아니하며 너를 책망하지 아니하기로 맹세하였노니 (사 54:9)

그러면 이 말씀의 진정한 의미가 무엇일까요? 하나님의 자녀인 우리도 하나님의 말씀에 순종하지 못할 때가 있고 죄를 지을 때가 있습니다. 그때도 하나님이 계속 책망하지 않으시고 계속 '오냐오냐' 하신

다는 말일까요?

여기서 책망하지 않겠다고 맹세하시는 것은 하나님의 자녀인 우리에게 죄에 대하여 영원한 심판, 영원한 책망, 영원한 노여움을 가지지 않는다는 것입니다. 그 영원한 심판은 예수님이 십자가 위에서 다 해결하셨기 때문입니다.

이제 우리가 생활 속에서 짓는 죄는 주님의 은혜를 구하며 매일매일 회개하고 돌이키면 되는 것입니다. 그러면 하나님이 매일매일 은혜 주시고 긍휼을 베푸십니다. 그런데 사람들의 본성 중에 돌이키기 싫어하며 계속 고집을 부리는 악이 있습니다. 이때 계속 버티면 하나님이 한 번 따끔하게 손을 보실 때가 있습니다. 그때 가끔 죽음의 문턱에 이르기도 하고 재산을 다 잃어버리기도 하는 등 큰 고난이 닥칠 때가 있는 것입니다.

여러분, 사람은 교만해지는 것이 본성입니다. 늘 제 힘으로 살려 하고, 자기 자랑하고 싶고, 나를 내세우고 싶은 마음이 생깁니다. 저도 좀 편하게 살고 싶은 마음이 일어날 때 하나님께서 저를 낮추시기 위해서 병을 주시기도 하십니다. 사람이 병에 걸리거나 죽음의 문턱에 서면 모든 것을 다 놓게 됩니다.

그럴 때 믿음 있는 신자는 '하나님, 내 인생을 주님께 맡깁니다. 하나님만 의지합니다.' 고백하며 머리 숙이게 됩니다. 그때 하나님이 그를 축복하시고 다시 회복시키십니다. 하지만 믿음이 어린 신자는 '나를 사랑한다면서 왜 이렇게 힘들게 합니까?' 하고 반항하기도 하고 계속 하나님을 오해하기도 합니다.

구약성경에 나오는 사사 중 기드온도 처음에 이런 오해를 가지고 있었습니다. 이스라엘이 자신들의 죄 때문에 미디안의 손에 7년 동안이나 핍박당했습니다. 농사를 지어서 추수를 하면 미디안 사람들이 다 빼앗아갑니다. 소와 양과 나귀 등 모든 짐승을 약탈당했습니다. 그런데 어느 날 여호와의 사자가 기드온에게 나타나서 말씀합니다.

> 여호와의 사자가 기드온에게 나타나 이르되 큰 용사여 여호와께
> 서 너와 함께 계시도다 하매 (삿 6:12)

기드온이 속으로 '내가 무슨 큰 용사냐? 작은 용사도 안 되는데' 라고 생각합니다. 하나님의 말씀에 대한 신뢰가 없습니다. 그래서 반문하는 것입니다.

> 나의 주여 여호와께서 우리와 함께 계시면 어찌하여 이 모든 일
> 이 우리에게 일어났나이까 (삿 6:13)

이 말씀의 뜻은 이런 것입니다.
"하나님이 우리를 사랑하신다면 이렇게 7년 동안 고난 받는다는 것이 말이 됩니까? 이게 무슨 사랑입니까?"
이렇게 기드온이 질문하고 있는 것입니다.
우리 마음속에도 자꾸 이런 질문이 올라옵니다.
"하나님이 나를 사랑하신다면 왜 내게 이런 어려움을 주시는가?

이것이 과연 하나님의 사랑인가?"

우리가 가지는 사랑의 개념 중에 이런 것이 있습니다.

"나를 사랑하면 내가 원하는 대로 다 해주어야지. 내가 사랑받는 느낌을 갖게 해주어야지."라는 생각이 있습니다.

이 말은 맞습니다. 사람을 사랑한다는 것은 그 사람이 사랑받고 있다는 느낌이 들도록 접근하는 것입니다. 만약 자기 소원대로 이루어지지 않으면 사랑의 느낌을 받지 못하기 때문에 미워하고 분노합니다. 인간은 자기 편하고 자기 좋은 대로 하려고 하는 욕구가 강합니다.

그런데 인간은 자신에게 유익한 것을 원하는 때도 있지만 자기 삶에 해가 되는 것을 원하는 경우도 있습니다. 자기 삶에 해가 되는 것을 원하는 경우에, 자녀를 사랑하는 부모라면 '얘야, 그것은 그렇게 하면 안 된다.' 그렇게 말하지 않습니까? 그럴 때 자녀는 반항하고 분노하고 부모님께 대들기도 합니다. 아이는 자기가 원하는 대로 해 주어야 부모가 자신을 사랑한다고 느끼기 때문입니다.

그러나 부모는 그 아이를 위해서 때로 씨름하기도 하고, 때로는 설득하기도 하고, 때로는 화내며 싸우기도 합니다. 하지만 어떤 경우에는 전략적으로 한 발 물러서기도 합니다. 다음에 확실히 그 습관을 고치도록 한 걸음 양보하는 것입니다. 이 모든 행동의 목적은 그 아이가 건강하고 행복한 사람으로 살아가도록 이끌어주기 위한 것입니다.

영적 가족이든, 육적 가족이든 가족 관계라면 우리는 서로의 감정에 책임을 져야 합니다. 상대방이 기분이 나쁘면 내가 기분 나쁘게 하지 않았다 하더라도 그 자체를 수용하고 품어주는 것이 감정에 책임을 져 주는 것입니다. 가족관계에서 상대방의 감정과 기분을 수용하고 존중해 주는 것은 굉장히 중요합니다.

그런데 자신의 기분을 무조건 수용해 달라고 주장하는 것도 바람직하지 않습니다. 이것은 어린 아이와 같은 태도입니다. 만약 어린 아이처럼 무조건 자기 기분을 알아달라고 요구하면 상대방을 위해서 때로는 그의 요구를 유보하기도 해야 합니다. 이것이 더 높은 수준의 사랑입니다. 상대방이 계속 잘못하고 있음에도 불구하고 그의 감정을 계속 존중하고 그의 비위를 맞춰준다면, 그것은 상대방을 해치는 것입니다. 이럴 때 부드러움과 확고함으로 다가가서 그를 설득하고 때로는 그와 맞서야 합니다. 그가 성숙해질 수 있도록 깨우침을 주어야 합니다.

오늘 본문을 보면 하나님께서 우리에게 이렇게 접근하고 있습니다.

옛적에 여호와께서 나에게 나타나사 내가 영원한 사랑으로 너를 사랑하기에 인자함으로 너를 이끌었다 하였노라 (렘 31:3)

하나님은 말씀하십니다.
"내가 과거에도 너를 사랑했고, 현재에도 너를 사랑하며, 미래에도 너를 사랑할 것이다. 내가 너를 사랑하되 영원한 사랑으로 사랑한다. 그리고 내가 너를 사랑하기 때문에 인자함으로 너를 내게로 가까이 오도록 이끌었느니라."

인자함은 부드러움, 일관성, 약속 있는 사랑입니다. 하나님의 사랑은 변함이 없음을 강조합니다. 왜 이렇게 하나님이 영원한 사랑으로 그들을 위로하십니까?

오늘 본문의 말씀을 잘 이해하기 위해 그 당시의 상황을 살펴봅시다. 이 말씀의 배경은 이스라엘 백성이 바벨론의 포로가 된 상황입니다. 왜 이런 어려움에 빠졌습니까?

이스라엘 백성들이 하나님 말씀에 계속 순종하지 않습니다. 우상을 섬겼고, 희년과 안식년을 지키지 않았으며, 십일조를 드리지 않았습니다. 그동안 하나님께서 여러 선지자들을 보내 하나님의 말씀에 순종하라고 타일렀지만 순종하지 않았습니다. 이때는 따끔한 징계가 있어야 정신을 차립니다. 그래서 하나님을 멸시한 죄의 대가로 바벨론의 포로가 되게 하십니다.

여러분, 적국의 포로가 된다는 것이 무슨 뜻일까요? 내가 가진 모든 것을 다 잃었다는 뜻입니다. 결국 나라를 잃고, 가족도 잃고, 재산도 다 잃고, 개인의 자유도 잃어버렸습니다. 병이 들어도 치료받지 못합니다. 비참한 삶을 경험합니다. 내가 그동안 가지고 있던 모든 것을 다 잃었습니다.

하나님께서 모든 축복과 자유를 주시면서 하나님을 잘 섬기며 살라고 하셨는데, 그들이 계속 말씀에 불순종했습니다. 왜 불순종합니까? 교만하니까요. 하나님 없이 내 힘으로 살 수 있다고 생각하는 것입니다. 그래서 하나님이 그들에게 이런 징계를 주셨습니다.

> 내가 법에 따라 너를 징계할 것이요 결코 무죄한 자로만 여기지는 아니하리라 (렘 30:11)

왜 사랑한다고 하면서 이스라엘을 이렇게 징계하셔야만 합니까? 여러분, 어떤 사람이 새끼발가락이 가려워서 계속 긁고 약을 발라도 낫지 않아서 병원에 갔더니 암이라고 합니다. 그런데 어떤 의사가 "그거 괜찮은 것입니다. 그냥 두고 사십시오."라고 말하면 그 사람에게 도움이 될까요? "그것은 암이니까 치료합시다. 수술하셔야 합니다."라고 말하는 것이 환자를 사랑하는 의사가 해야 할 말입니다. 고통스러워도 수술하는 것이 그에게 도움이 되기 때문입니다.

바벨론 포로생활은 하나님의 수술입니다. 이스라엘의 죄악이 너무 무거워서 약 조금 발라서 고칠 수 있는 수준이 아닌 것입니다. 그대로 놓아두면 죽을 것이 틀림없고, 망할 것이 틀림없기 때문에 저들을 살리기 위해 행하시는 고통스러운 수술인 것입니다.

하지만 유다백성들의 입장에서는 바벨론의 포로가 되었을 때 "하나님이 우리를 영원히 버리시는구나"라고 느낍니다. 이것이 바로 연약한 인간심리입니다. 이 심리는 어린 아이의 심리입니다. 이 어린 아이의 심리를 다독거리고 하나님을 믿어야 합니다. 성숙한 마음을 가져야 합니다.

하나님의 사랑을 믿어야 합니다. 하나님이 우리를 버리는 것은 사실이 아니기 때문입니다. 하나님이 바벨론 포로생활이라는 수술을 통하여 그들을 하나님께로 가까이 이끄시는 것입니다. 그들을 회복시키시는 것입니다. 그들이 돌이키지 않으니까 하나님이 어쩔 수 없이 바벨론 포로가 되게 하십니다. 이것은 하나님의 사랑의 징계입니다.

그러나 하나님의 목적은 징계가 아닙니다. 다시 회복시키는 것이 하나님의 목적입니다. 이런 맥락에서 본문 31장은 하나님의 이 사랑은 '영원한 사랑'이라고 말씀하십니다. 그 사랑으로 인해 이스라엘을 다시 세워주시겠다고 약속하십니다. 그들이 다시 노래하며 춤추며 즐거워하는 날이 올 것이라는 것입니다. 그 회복의 모습을 구체적으로 말씀하십니다.

> 포도나무들을 심되 심는 자가 그 열매를 따기 시작하리라 (렘 31:5)

그동안 내가 심어도 열매를 얻을 수가 없었습니다. 나쁜 놈에게 다 빼앗겼습니다. 그러나 이제는 내가 심은 것을 내가 얻을 수 있습니다. 6절에서 파수꾼이 전쟁이 일어났다고 외치는 것이 아니라 "너희는 일어나라 우리가 시온에 올라가서 우리 하나님 여호와께로 나아가자"고 외칩니다. 전쟁이 끝나고 하나님을 예배할 때가 왔다는 것입니다.

8절에서 "그들을 북쪽 땅에서 인도하며 땅 끝에서부터 모으리라"

약속하십니다. 그들이 어디서 포로생활을 하든지 땅끝이라도 가서 다 찾아오겠다는 것입니다. 그들 중에는 건강한 사람, 자기 발로 돌아올 수 있는 사람도 있지만 병든 사람도 있습니다. 그 모든 약한 사람들까지도 다 데려오시겠다는 것입니다.

9절에서 "내가 그들을 넘어지지 아니하고 물 있는 계곡의 곧은 길로 가게 하리라"고 말씀합니다. 넘어지지 않도록 손을 잡아주시고 샘이 흐르는 좋은 길로 한 걸음 한 걸음 인도해주시겠다는 것입니다.

하나님이 이렇게 하시는 이유가 무엇입니까?

나는 이스라엘의 아버지요 에브라임은 나의 장자니라 (렘 31:9)

그렇습니다. 우리를 다시 회복시키는 이유는 하나님은 나의 아버지요, 나는 그의 아들이기 때문입니다. 부모가 자식을 사랑하는 데 이유가 있습니까? 내 자식이기 때문에 사랑합니다. 내 자식이기 때문에 용서합니다. 내 자식이기 때문에 돌보고 먹이고 입히는 것입니다. 하나님이 나의 아버지이기 때문에, 내가 하나님의 자녀이기 때문에 나를 사랑하시고 용서하시고 돌보고 먹이고 입히시는 것입니다.

때로 우리가 죄를 범할 때, 잘못된 길로 갈 때, 하나님이 우리를 책망하기도 하고 징계하기도 하십니다. 그런데 하나님의 책망과 징계가 하나님의 분노 폭발이나 화풀이가 아니며 나를 죽이고자 하심도 아닙니다.

에브라임은 나의 사랑하는 아들 기뻐하는 자식이 아니냐 내가 그
를 책망하여 말할 때마다 깊이 생각하노라 그러므로 그를 위하여
내 창자가 들끓으니 내가 반드시 그를 불쌍히 여기리라 여호와의
말씀이니라 (렘 31:20)

하나님께서 나를 한번 책망하시려면 깊이 생각하고 고민하십니다.
창자가 들끓을 정도로 나를 위해 고민하십니다. 그렇게 심사숙고해서
책망이 꼭 필요하다는 판단이 될 때 창자가 끊어지는 고통이 있지만
결심하십니다. 나의 죄 때문에 징계를 받지만 고통받는 우리를 불쌍히
여기십니다. 그래서 책망과 징계 후에는 반드시 우리를 불쌍히 여기시
며 회복시켜 주시는 것입니다.

이 사랑은 영원한 사랑입니다. 과거에 내가 죄 가운데 있을 때에도
나를 사랑하셨습니다. 현재 징계 가운데 있을 때에도 나를 사랑하십니
다. 미래에 회복시켜주실 때에도 나를 사랑하심으로 회복시켜주십니
다. 과거, 현재, 미래에 동일한 사랑입니다. 그 사랑은 무조건적인 아가
페 사랑입니다. 그 사랑을 본문은 영원한 사랑이라고 말씀합니다.

이 사랑의 증거로 우리 가운데 오신 것이 바로 예수님입니다. 예수
님은 우리를 영원한 사망에서 구하기 위해 이 땅에 오셨습니다. 예수
님은 우리를 정죄하는 죄를 해결하기 위해 오셨습니다.

우리를 향한 하나님의 영원한 사랑 때문에 미래에 대한 염려를 다 내
려놓으시길 축원합니다. 하나님의 사랑은 내가 죽을 때까지 나와 함께
하실 것이며 죽은 후에는 천국에서 얼굴을 대면하여 사랑할 것입니다.

그리고 우리를 향한 하나님의 영원한 사랑 때문에 현재에 대한 염려도 다 내려놓으시길 축원합니다. 현재에도 여전히 양심이 나를 고발하고 있지만, 주님은 그 양심보다 더 큰 소리로, 더 강력한 사랑으로 나를 변호하시며 보호하십니다. 내 삶에서 해결해야 할 문제, 감당해야 할 책임이 많이 있어도 주님께서 나의 손을 잡고 하나하나 해결해주실 것입니다. 문제를 해결할 수 있는 지혜를 주시고, 감당할 수 있는 힘을 주시고, 용기를 주시고 도와줄 사람들을 붙여주십니다.

우리를 향한 하나님의 영원한 사랑 때문에 과거에 대한 상처도 다 내려놓으시길 축원합니다. 과거의 실수, 후회, 자책, 비난을 주님이 다 가져가셨습니다. 내가 실수하는 그 순간, 주님도 함께 계셨습니다. 나의 모든 부끄러움과 수치를 이미 다 가져가셨습니다. 내가 모르고 있을 뿐입니다.

나를 사랑하시는 예수님의 시각으로 나의 과거를 바라본다면, 나의 과거는 이미 예수님의 사랑으로 다 덮어지고 싸매어졌습니다. 그래서 오직 주님의 사랑의 흔적만 있을 뿐입니다.

더 이상 무엇을 두려워하겠습니까? 하나님의 사랑은 영원합니다. 우리에게 들려오는 사랑의 말씀을 들어보십시오.

"나는 너를 사랑한다. 나는 너를 사랑한다."

하나님의 사랑을 믿으시길 축원합니다.

1997년 콜롬비아의 군 기지 초소에서 근무하던 파블로 몬카요라는

19세의 한 병사가 콜롬비아 반군인 무장혁명군에게 납치되었습니다. 납치되고 10년이 넘도록 그는 가족의 품으로 돌아오지 못했습니다. 당시에는 무장혁명군들이 사람을 죽이고 잡아가는 일이 흔했기 때문에 사람들은 한 사람이 사라졌다는 사실을 금세 잊었습니다.

그러나 온 세상은 포기해도 그의 아버지는 자신의 아들을 잊을 수가 없었습니다. 포기할 수가 없었습니다. 그의 아버지 구스타보 몬카요씨는 아들을 찾기 위해 피랍된 지 10년이 된 2007년, 수도 보고타로부터 도보 행진을 시작했습니다. 전국을 돌고, 베네수엘라와 에콰도르를 거쳐서 프랑스, 스페인, 독일, 바티칸까지 걸었습니다. 이 거리를 그냥 배낭여행하듯 걸은 것이 아닙니다. 그는 아들의 사진이 새겨진 셔츠를 입고 두 손과 목에 쇠사슬을 걸고 무려 1,100km를 걸으면서 가는 곳마다 자기 아들이 돌아오게 해달라고 사람들에게 호소했습니다.

어느 날, 그의 이런 간절한 모습이 언론에 보도되었습니다. 결국 국제 적십자사와 주변 국가들의 중재로 아들을 13년 만에 찾을 수 있었습니다. 19세에 포로로 잡혀 쇠사슬에 묶인 채 12년 3개월 동안 끌려다닌 그가 집으로 돌아올 때는 서른이 훌쩍 넘어 있었습니다. 12년 3개월 동안 죽음의 고비를 수없이 넘긴 아들은 이렇게 고백합니다. 그 위기의 순간마다 '하나님이 나와 함께 하신다. 하나님이 날 도와주신다. 하나님이 도우시니 기적이 일어난다.'라는 믿음으로 버텼다는 것입니다.

이 아들의 믿음도 훌륭합니다. 그러나 아버지 구스타프 몬카요의 사랑이 제 마음을 더 울립니다. 온 세상은 이 한 사람을 포기해도 아버지는 포기하지 않았습니다. 그의 아버지는 변함없이 동일하게 아들을 애타게 찾아다녔습니다. 이토록 자식을 향한 부모의 사랑은 세상의 그 어떤 장애물로도 끊을 수 없습니다.

연약한 육신의 아버지가 이토록 자식을 사랑한다면 우리 하나님은 얼마나 우리를 사랑하겠습니까? 우리 성경은 그 사랑을 영원한 사랑이라 말씀하십니다. 그 사랑은 측량할 수 없이 영원하며 언제나 동일합니다. 하나님의 사랑, 예수님의 속죄의 사랑은 일시적인 사랑이 아니라 영원히 지속적입니다. 또한 그 사랑은 완전하고 한결같아서 그 누구도 그의 사랑에서 우리를 끊어낼 자가 없습니다.

> 높음이나 깊음이나 다른 어떤 피조물이라도 우리를 우리 주 그리스도 예수 안에 있는 하나님의 사랑에서 끊을 수 없으리라
>
> (롬 8:39)

예수 안에 있는 하나님의 사랑은 언제나 동일하십니다.
하나님의 사랑을 붙잡고 살아가는 성도가 되시길 소망합니다.
영원히 우리를 사랑하시는 그 사랑에 감동하며 사시길 축원합니다.

은혜를 베푸시는 사랑
(막 10:17-27)

17. 예수께서 길에 나가실새 한 사람이 달려와서 꿇어 앉아 묻자오되 선한 선생님이여 내가 무엇을 하여야 영생을 얻으리이까

18. 예수께서 이르시되 네가 어찌하여 나를 선하다 일컫느냐 하나님 한 분 외에는 선한 이가 없느니라

19. 네가 계명을 아나니 살인하지 말라, 간음하지 말라, 도둑질하지 말라, 거짓 증언하지 말라, 속여 빼앗지 말라, 네 부모를 공경하라 하였느니라

20. 그가 여짜오되 선생님이여 이것은 내가 어려서부터 다 지켰나이다

21. 예수께서 그를 보시고 사랑하사 이르시되 네게 아직도 한 가지 부족한 것이 있으니 가서 네게 있는 것을 다 팔아 가난한 자들에게 주라 그리하면 하늘에서 보화가 네게 있으리라 그리고 와서 나를 따르라 하시니

22. 그 사람은 재물이 많은 고로 이 말씀으로 인하여 슬픈 기색을 띠고 근심하며 가니라

23. 예수께서 둘러 보시고 제자들에게 이르시되 재물이 있는 자는 하나님의 나라에 들어가기가 심히 어렵도다 하시니

24. 제자들이 그 말씀에 놀라는지라 예수께서 다시 대답하여 이르시되 얘들아 하나님의 나라에 들어가기가 얼마나 어려운지

25. 낙타가 바늘귀로 나가는 것이 부자가 하나님의 나라에 들어가는 것보다 쉬우니라 하시니

26. 제자들이 매우 놀라 서로 말하되 그런즉 누가 구원을 얻을 수 있는가 하니

27. 예수께서 그들을 보시며 이르시되 사람으로는 할 수 없으되 하나님으로는 그렇지 아니하니 하나님으로서는 다 하실 수 있느니라

아이 둘을 키우는 어떤 집사님이 있었습니다. 그런데 둘째 아이가 태어날 때부터 중병을 앓아 삶과 죽음을 오가는 일이 수없이 많이 있었습니다. 아이가 여섯 살이 되었을 때 남편은 고통을 이기지 못하고 집을 떠나고 말았습니다. 결국 집사님 혼자 병든 아이를 돌보게 된 것입니다.

집사님은 더 이상 하나님이 살아계신다는 사실을 믿을 수 없다고 절규합니다. 아니, 살아계시더라도 그 하나님은 내가 생각한 하나님은 아닌 것 같다고 울부짖습니다. 6년 동안 아들의 병이 낫기를 구했지만 병이 낫기는커녕 남편까지 집을 나가버렸으니 그 상실의 아픔이 얼마나 크겠습니까?

집사님의 마음에는 하나님을 향한 분노가 있었습니다.

"내가 이렇게 기도하고 하나님께 매달렸으니 이제는 하나님이 나를 도와주어야 하지 않습니까? 그렇지 않으면 하나님은 나를 사랑하는 하나님이 아닙니다."

이것이 이 어머니의 의요, 주장이요, 판단입니다. 인간적으로는 이해되지만 이것마저 놓아야 합니다.

그런데 어느 날 기도하다가 하나님의 사랑과 은혜가 그 어머니를 만지기 시작합니다. 가슴 깊이 하나님의 사랑이 느껴집니다. 그러면서 하나님께 겸손하고 부드러운 자세가 되기 시작합니다.

집사님은 고백합니다.

"하나님, 아이를 살려도, 죽여도 당신은 내 하나님이시요, 나는 당신의 백성입니다. 나는 아무것도 아닙니다. 하나님이 영광을 받으시옵소서. 하나님이 나의 전능자시요, 나의 하나님이요, 나의 모든 것입니다."

바로 이 마음이 은혜의 마음입니다.

그럼 은혜란 무엇입니까? 은혜란 하나님이 모든 것을 주셨다는 것을 깨닫는 마음입니다. 내가 가진 것, 내 존재, 내 삶, 이 모든 것은 하나님이 주시는 것이라는 마음이 은혜의 마음입니다. 자격이 없는데 공짜로 주신 축복입니다. 은혜의 마음이 내 마음을 가득 채우면 내가 수고해도 감사하고, 내 인생을 다 바쳐도 하나님을 찬양하게 됩니다. 감사의 마음이 내 삶을 지배하는 것입니다.

하염없이 눈물을 흘리며 은혜를 고백하는 집사님의 기도에 하나님이 치유의 축복을 주십니다. 집사님의 마음에 평화가 임하자 놀랍게도 그 아이에게 회복의 은혜가 임하기 시작했습니다.

여러분, 어린 아이들은 부모님을 기쁘게 하려 합니다. 그래야 사랑을 받으니까요. 그래서 우리는 부모님이 좋아하는 일과 싫어하는 일, 부모님을 화나게 하는 일이 무엇인지를 자동적으로 구분합니다.

부모님의 기대치가 적당하면 자녀는 열심히 그 기대치를 만족시키려고 노력합니다. 하지만 부모의 기대가 너무 높고 일관성이 없어서 만족시킬 수 없다면 자녀는 좌절하고 포기해 버립니다. 그래서 이런 아이는 부모님께 한 번도 인정받는 경험 없이 성장하게 되고 그 삶이 파괴됩니다.

학교에서도 선생님께 인정받기 위해 충족시켜야 할 기대수준이 있습니다. 친구 관계에서도 친구와의 관계를 유지하기 위해 친구의 기대치를 만족시켜야 합니다. 직장에서도 상사의 신임을 받기 위해 해야 하는 일이 있습니다.

우리는 이런 삶의 태도와 습성을 하나님 앞에서도 버리지 못합니다. 이것이 조건적인 사랑의 관계입니다. 우리가 별 문제가 없고 그럭저럭 살 만할 때는 하나님의 사랑과 은혜에 대해 특별히 생각하지 않습니다. 내가 수고하는 만큼 하나님이 은혜를 주시는 것이라고 생각합니다. 하나님께 감사하기는 하지만 그래도 나의 수고에 더 가치를 둡니다.

그러나 문제가 생기면 하나님의 사랑을 의심하기 시작합니다.

하나님이 왜 날 사랑하지 않지?

내가 죄를 짓고 회개하지 않아서 하나님이 화나셨나?

내가 순종하고 헌신하지 않아서 하나님이 나를 미워하시는 걸까?

이런 질문들과 씨름하면서 우리는 다시 하나님의 사랑과 관심을 얻기 위해 노력합니다.

어떤 아버지가 교회 갔다 온 자기 딸에게 오늘 말씀에서 뭘 배웠는지 물어보았습니다. 그랬더니 딸아이 대답이 참 재미있습니다.

"매일 똑같죠 뭐. 하나님은 선하시고 나는 악하다. 더 열심히 노력 하래요."

불행하게도 많은 사람들이 복음의 본질을 이렇게 오해하고 있습니다. 그러나 만일 하나님의 은혜와 사랑, 인정을 얻기 위해 노력해야 한다면 우리는 결코 그 기준을 충족시킬 수 없습니다. 행위중심으로 보면, 우리가 노력하면 할수록 하나님은 더 하라고 하시는 것처럼 보입니다. 우리의 노력이 보상을 받지 못했다고 느낄 때 우리는 하나님을 원망하고 배신감을 가지게 됩니다. 신앙 자체를 '행위의 관점에서' 보게 되는 것이 우리 연약한 인생입니다.

오늘 본문에는 평생 동안 이런 노력을 했던 한 남자가 등장합니다. 예수께서 걸어가실 때 한 사람이 달려왔습니다. 마태복음 19장에서는 그를 '한 청년'이라고 기록합니다. 또 누가복음 18장에서는 그가 '관원'이었다고 기록합니다. 그는 청년이었고 사회적으로 성공한 엘리트 계층이었습니다. 그리고 부자였습니다. 모든 여성들이 바라는 신랑감 후보 1위입니다. 그런데 경건하기까지 했습니다. 그는 진지한 구도자의 자세를 갖고 있었습니다.

본문 17절을 보십시오.

예수께서 길에 나가실새 한 사람이 달려와서 꿇어 앉아 묻자오되
(막 10:17)

유대인 가운데 이 정도의 신분과 위치에 있는 사람이면 대부분 예수님을 무시하는 태도를 취했을 것입니다. 그런데 이 사람은 예수님이 길에 나오시자마자 달려가 꿇어앉았습니다. 아주 겸손한 자세를 갖추고 있습니다. 그는 자기 인생의 숙제를 해결해 줄 수 있는 대상을 제대로 찾아왔습니다.

게다가 중요한 질문을 던졌습니다.

"선한 선생님이여, 내가 무엇을 하여야 영생을 얻으리이까?"

그는 영생에 대해 궁금한 마음을 갖고 있었습니다. 명예나 지위나 물질에 대한 질문이 아니라 인생에서 가장 핵심적인 질문을 하고 있습니다.

부자 청년은 이 세상에서 얻을 수 있는 것은 다 얻었습니다. 젊습니다. 건강합니다. 돈과 명예, 사회적 성공, 신앙적 겸손, 도덕적으로 완벽한 삶, 이 땅에서 얻을 것은 다 얻었습니다. 그런데도 이 사람은 이제 인생의 본질을 알고 싶어 하는 것입니다. 그의 질문은 진실했고 겸손했습니다. 그러나 이 사람에게 결정적인 잘못이 있었습니다. 그것은 이 사람의 인생관입니다. 그의 인생관은 '인생은 노력으로 된다.'라는 신념입니다.

우리는 여기에서 놀라게 됩니다.

"아니, 노력하라는 것이 뭐가 잘못되었나? 천재는 1% 두뇌와 99%의 노력이라고 하지 않는가?"

맞습니다. 인생원리는 그렇습니다. 인생은 노력에 의해 결과가 만들어집니다. 수고하지 않는 인생은 사회에서 버려집니다.

그러나 신앙원리는 그렇지 않습니다. 이 사람은 지금 영생을 얻고자 합니다. 자신이 어떤 행위를 해야 영생을 얻을 수 있는 지, 영생을 얻기 위해서는 어떤 조건이 필요한 지 묻고 있는 것입니다. 하지만 영생은 우리의 행위로 얻을 수 있는 것이 결코 아닙니다. 왜 그럴까요? 인생은 누구나 죄인이기 때문입니다. 인생이 의인이 되려면 죄를 한 번도 범하지 않아야 합니다. 그래야 자기 힘으로, 자기 노력으로 영생을 얻게 됩니다.

그래서 예수님은 인간의 '행위'로 안 된다는 것을 가르쳐주시기 위해 '계명'을 지켰는지 물으십니다.

> 네가 계명을 아나니 살인하지 말라, 간음하지 말라, 도둑질하지 말라, 거짓 증언 하지 말라, 속여 빼앗지 말라, 네 부모를 공경하라 하였느니라 (막 10:19)

여러분, 율법은 지켜서 구원을 얻도록 하기 위해 주신 것이 아닙니다. 율법은 인간이 죄인임을 알도록 하기 위해, 즉 자신의 죄를 깨닫게 하는 도구로 주신 것입니다. 이 땅의 어느 누구도 자기 능력으로 율법을 다 지킬 수 없으며 하나님의 기준에 도달할 수 없기 때문입니다.

> 그러므로 율법의 행위로 그의 앞에 의롭다 하심을 얻을 육체가 없나니 율법으로는 죄를 깨달음이니라 (롬 3:20)

율법을 주신 이유는 우리의 한계를 깨닫게 하기 위해서입니다. 우리가 구원받기 위해서는 내 힘으로 불가능하고 예수님의 도움이 필요하다는 사실을 인정하도록 하기 위해서 율법을 주셨습니다. 그러므로 예수님은 이 청년이 자신의 죄를 깨닫고, "내 행위로는 도저히 안 되겠네요. 도와주세요." 라고 대답하기를 바라셨지만 오히려 그는 당당하게 대답합니다.

이것은 내가 어려서부터 다 지켰나이다 (막 10:20)

그가 정말로 율법을 다 지켰을까요? 제가 본문을 묵상해 보니 이 청년이 의도적으로 거짓말을 하고 있다고 느껴지지는 않습니다. 그는 잘못된 신념으로 모든 율법을 지켰다고 굳게 믿고 있는 것입니다.

우리가 성경을 연구해 보면 율법학자와 바리새인들이 지키기 힘든 율법은 교묘히 피해가도록 만들어 놓았습니다. 그는 이것을 몰랐습니다. 한 가지 계명만 예를 들면, 그는 살인하지 않았습니다. 실제 사람을 죽이지 않았으니까요. 그는 율법을 지켰다고 생각합니다. 그런데 성경은 미움도 살인으로 봅니다.

그 형제를 미워하는 자마다 살인하는 자니 (요일 3:15)

그렇다면 한 번이라도 미워한 사람이 없었을까요? 그럴 수 없습니다. 이 사람은 자신의 행위에 갇혀 있습니다. 자신의 마음, 생각, 감정을 다 덮고 있습니다. 이 청년의 관심은 사람들이 보는 외적 능력과 노력이었습니다. 그는 예수님이 선물로 주고 싶어 하시는 것을 자기 힘으로 얻기 위해 너무나도 열심히 잘못된 방법으로 노력하고 있었던 것입니다. 예수님은 그가 이 사실을 깨닫기를 간절히 원하셨습니다.

오늘 본문의 저자 마가는 21절에서 예수님이 그를 보시고 '사랑하 셨다'고 기록하고 있습니다. 예수님이 그를 사랑하시니까 그에게 진리 를 깨닫게 해주시고 싶어 하셨습니다.

네게 아직도 한 가지 부족한 것이 있으니 (막 10:21)

그래서 주님은 사랑으로 그에게 직면하십니다. 이 직면은 그의 마 음을 아프게 할 것이며, 좌절하게 할 것입니다. 어쩌면 예수님께 깊은 실망을 느낄지도 모릅니다.

그러나 이것이 은혜임을 기억해야 합니다. 우리 마음을 아프게 찌 르는 하나님의 말씀이 느껴질 때, 은혜가 눈앞에 다가왔음을 알고 기 뻐해야 합니다. 참 부끄럽지만 회개하는 마음으로 제가 며칠 동안 느 낀, 주님이 주신 사랑의 직면을 고백하겠습니다.

며칠 전 새벽에 잠을 자는데 갑자기 위경련이 왔습니다. 위경련이 무엇인지 모르는 분들을 위해 의사의 말로 설명하자면 해산의 고통보 다 더 큰 고통이 위경련이랍니다. 정말이지 칼로 저의 배를 찌르고 싶 은 마음이 들더군요. 아침까지 참다가 병원에 가서 응급처방을 받아 좀 해결되어 돌아왔습니다. 그런데 오전 11시쯤 되어 다시 경련이 일 어나는 것입니다. 새벽보다 더 심하게 아픕니다.

병원에 다시 갔더니 몇 가지 검사를 좀 해보자고 해서 피검사도 하 고 이것저것 검사하고 돌아왔습니다. 다음 날 의사에게 연락이 왔습니다. 간수치가 너무 높다고 다시 검사를 해보자고 합니다. 그래서 다시 병원에 가서 또 피검사를 하고 몇 가지 검사를 더 했습니다.

다음날 결과를 보러 갔더니 간수치가 또 올라가 있었습니다. 간수치가 하루가 다르게 몇 백씩 쑥쑥 올라갑니다. 의사가 아주 놀라면서 지금 당장 큰 병원에 입원해야 한다고 하는 것입니다. 제가 이번 주부터 교회에서 중요한 새벽기도가 있다고 하니까 그러면 외출증을 끊으면 된다고 설득합니다. 어떻든 원인을 찾아야 하고 집중치료를 받아야 한다는 것입니다.

교회에 돌아와서 교역자들과 급히 회의를 했습니다.

"이제 이번 주부터 다니엘 세이레 기도회를 시작해야 하는데 어떻게 할 것인가? 입원을 해야 하는가? 그러면 다니엘 세이레 기도회는 연기해야 하는가?"

복잡한 마음으로 같이 의논하다가 결론을 내렸습니다.

"그래, 입원해서 다니엘 세이레 기도회를 하자."

이렇게 생각하고 병원으로 가는데 문득 다니엘 세이레 기도회를 앞두고 '사탄이 나를 시험하는구나.' 하는 생각이 들었습니다.

'하나님이 크신 은혜를 준비하고 있는 것을 알고 사탄이 먼저 나를 넘어뜨리려고 하는구나.'

이런 깨달음이 생기니까 결심이 섭니다.

'어차피 한 번 사는 인생, 죽으면 죽으리라 하고 온전히 나를 하나님께 바쳐보자'하는 결심이 섭니다. 그때 제 마음에 평화가 밀려오기 시작했습니다.

제가 입원해서 다니엘 세이레 기도회를 인도할 수도 있습니다. 그러나 이것은 사람에게 의지하는 것입니다. 제가 오직 하나님만 의지하려 할 때 하나님이 저를 기뻐하시는 것을 느꼈습니다.

사람이 할 일도 해야 하기에 내일 대학병원에 예약해놓았습니다. 그러나 사람의 수고는 아무것도 아닙니다. 사람에게 피하면 안 됩니다. 오직 하나님께 의지하며 피해야 모든 문제가 해결되는 것입니다. 믿으시길 축원합니다.

우리는 지금 이대로 만족할 때가 많은데 하나님은 우리에게 더 놀라운 축복을 주시고 더 놀라운 존재로 살도록 인도하십니다. 그래서 하나님은 우리의 우상을 버리라고 말씀하십니다. 이것은 하나님이 우리에게 주시는 사랑의 직면입니다. 하나님 앞에서 감추고 싶은 것, 버리기 싫은 것을 하나님이 드러내십니다.

여러분의 우상은 무엇입니까?

하나님보다 더 가치 있게 생각하는 것이 무엇입니까?

지금 하나님과 나의 관계를 가로막고 있는 벽은 무엇입니까?

우리가 아무리 열심히 봉사하고 기도한다 해도 주님은 우리 마음속의 우상을 보고 계십니다.

'얼른 이걸 치워라' 하십니다.

최근에 저의 우상은 건강이었습니다. 건강해야 목회하고 성도를 도울 수 있으니까요. 그래서 건강에 관심을 두었습니다. 그러다 보니 몸이 조금 아프면 하나님을 찾기보다 의사나 약을 먼저 생각했던 순간이 있었습니다. 건강을 하나님께 온전히 맡기지 못하고 있었던 것입니다. 하나님은 제가 어떤 작은 우상이라도 다 버리고 온전히 하나님을 의지하도록 두 번의 위경련과 간수치의 상승이라는 사건을 사용하셨습니다. 저는 깨닫고 회개하고 엎드렸습니다.

여러분은 어떻습니까? 어떤 사람은 상처가 우상일 수 있습니다. 그 상처와 아픔을 버리지 않고 곱씹으며 그것으로 계속 위로와 사랑을 받으려고 하기도 합니다. 또 어떤 사람은 성격이기도 합니다. 부정적 사고와 비합리적 사고를 버리지 않고 고집하기도 합니다. 그래서 하나님의 사랑을 자꾸 오해합니다. 어떤 사람은 자존심을 목숨처럼 중요하게 여기는 사람도 있습니다. 그래서 실패에 대한 두려움 때문에 주저앉기도 합니다.

사람마다 여러 가지 다양한 우상이 있습니다. 어떤 분들은 취직, 연애나 결혼, 출세, 성공 등이 우상이기도 합니다. 그런데 놀랍게도 하나님은 내가 지금 해결해야 복을 받을 수 있는 그 우상만 딱 짚어내십니다. 우리 인생의 수많은 우상 중에 지금 해결해야 할 우상만 먼저 집어내십니다. 그럴 때마다 얼마나 괴로운지요. 하지만 이 문제가 해결되기 전에는 하나님과의 관계회복이 어렵고, 하나님의 축복을 누리기도 어렵습니다.

우리가 하나님의 축복의 통로가 되려면 통로의 관이 잘 뚫려 있고,

불순물이 끼어있지 않아야 복이 잘 임합니다. 통로에 뭔가 더러운 것
이 붙어 있으면 깨끗이 닦아내야 하는 것입니다. 그 우상을 제거하지
못하면 하나님의 축복이 막혀서 오지 못합니다.

　하지만 여기서 우리가 오해하는 것이 있습니다. 예수님이 이런저
런 나의 부족을 직면하시면 나를 사랑하지 않는다고 생각하는 것입니
다. 그러나 이것은 잘못된 생각입니다. 예수님이 나를 괴롭히거나 정
죄하려는 것, 부끄럽게 하려는 것이 아닙니다.

　내가 나의 부족을 깨닫고 예수님을 의지하도록, 은혜에 의지하게
하려는 것입니다. 사탄에 매이지 않고 사탄에게 노예가 되지 않도록
병과 죄악을 수술해야 합니다. 그래야 회복과 자유와 행복을 누리고 건
강한 삶을 살며 하나님의 사랑을 진정으로 만날 수 있기 때문입니다.

　예수님이 이 청년에게 무엇을 직면하십니까? 어떤 부족을 드러내
십니까?

　　예수께서 그를 보시고 사랑하사 이르시되 네게 아직도 한 가지
　　부족한 것이 있으니 가서 네게 있는 것을 다 팔아 가난한 자들에
　　게 주라 그리하면 하늘에서 보화가 네게 있으리라 그리고 와서
　　나를 따르라 하시니 (막 10:21)

　가지고 있는 재산을 가난한 자들에게 몽땅 나눠주고 나를 따르라
는 것입니다. 이 청년의 우상은 돈이었습니다. 그의 문제는 돈이 영생
입니다. 돈이 하나님입니다. 이 청년은 부자입니다. 그 많은 부를 가난

한 사람들에게 다 나눠주라니요. 예수님의 말씀에 청년은 침통한 표정
을 지으며 떠나갑니다.

"어떻게 이걸 버려, 내 평생 미친 듯이 모은 돈을 어떻게……. 안
되지, 미쳤지……."

예수님이 지금 자기에게 불가능한 것을 요구하시는 것입니다. 그
는 '나는 영생 얻을 수 없구나.' 근심하면서 예수님을 떠나갑니다.

우리는 이 말씀을 들을 때 예수님의 명령을 따르지 못하는 그를 정
죄하고 비난할 수 있습니다. 그가 탐욕 때문에 예수님을 따르지 못했
으며 하나님보다 돈을 더 사랑했으니 이제 벌을 받을 것이라고 생각하
기도 합니다. 그러나 이것이 정말 예수님의 본심이었을까요? 하나님
나라에 들어가려면 정말 우리의 재산 모두를 다 팔아서 나누어 주어야
합니까?

성도 여러분, 우리가 우상을 버리기로 결심하면 한 순간에 다 버릴
수 있을까요?

내가 가진 재산을 다 팔아 가난한 사람들에게 나누어 주고 예수 믿어
야 한다면 우리 중에 그 말씀에 순종할 수 있는 사람이 얼마나 될까요?

누구라도 그렇게 하기는 어려울 것입니다. 사실 그런 조건을 다 만
족시켜서 예수님께 나온 사람은 하나도 없습니다. 인생은 그렇지 못합
니다. 이 부자 청년을 정죄하는 것은 우리의 교만일 뿐 아니라 이 말씀
의 초점을 놓치는 것입니다.

예수님은 우리의 돈을 빼앗을 마음이 없습니다. 예수님은 우리가 감당할 수 있으면 부자가 되는 것을 좋아하십니다. 아브라함, 이삭, 야곱, 요셉도 다 부자였습니다. 예수님이 이 청년에게 말하고 싶었던 메시지는 영생은 은혜이고 하나님의 선물이지, 인간의 노력이나 행위로 얻는 것이 아니라는 것입니다. 그런데 이 청년이 하나님을 믿지 못하고 의지하지 못하는 것은 그의 우상, 돈이 있기 때문입니다. 그래서 돈을 버리라는 것입니다.

여러분, 높이뛰기 선수들이 훈련을 시작할 때 처음부터 세계 기록 수준의 높이를 뛰어넘으라고 훈련시키는 코치는 없습니다. 코치들은 선수들이 현재 달성 가능한 높이를 시작으로 해서, 선수의 기량과 연습량, 컨디션에 맞추어서 높이를 서서히 올립니다.

그렇지만 예수님은 그렇게 하지 않으셨습니다. 부자 청년에게 예수님은 처음부터 10미터가 넘는 높이를 뛰어넘으라고 굉장한 도전을 하신 것입니다. 그 말씀에 부자 청년은 불가능한 도전인 것을 알고 절망하며 포기하였습니다. 어느 선수가 그러지 않겠습니까?

예수님은 이 청년을 가혹하게 대하려고 하신 것이 아닙니다. 예수님이 도저히 넘지 못할 높이를 제안하신 것은 그가 자기 노력을 멈추고 하나님께 항복하기를 원하셨기 때문입니다. 충격요법입니다. 왜 주님이 충격요법을 쓰셨을까요?

이 사람은 노력으로 무엇이든 다 해냈습니다. 영생도 자기 노력으로 해내려 합니다. 강력한 도전이 필요합니다. 자신의 노력으로 구원을 얻으려고 하는 그 무거운 짐을 놓고 하나님의 은혜에 굴복하고 은혜에 의지하는 행복한 자녀가 되기 원하셨기 때문입니다.

예수님은 부자 청년이 "할 수 없습니다. 난 어찌하면 좋습니까?"라고 말하기를 바라셨습니다. 만약 부자 청년이 이렇게 말했다면 어땠을까요?

"예수님, 나는 예수님을 따르고 싶습니다. 하지만 지금 돈을 다 버릴 믿음이 없습니다. 나를 불쌍히 여겨주옵소서."

만약 그렇게 말했다면 예수님은 이렇게 대답하셨을 것입니다.

"그래, 고맙다. 네 돈은 네가 가지고 있어도 된다. 나와 함께 있으면 돈이 주는 보장보다 하나님이 더 강력한 보장이라고 믿어지는 날이 올 거야. 그때 버려도 좋다. 그러면 지금보다 천 배 만 배 더 큰 축복을 받을 거야. 그러니 나를 믿고 따라오렴."

이렇게 주님이 위로했을 것입니다. 그러나 청년은 예수님의 질문의 핵심을 이해하지 못하고 슬픈 얼굴로 떠났습니다.

저는 여기서 참 궁금했습니다. 떠나는 청년을 주님은 왜 그냥 두었을까요? 어찌 보면 주님이 참 매정한 사람같이 보입니다. 다시 오라고 해서 위로하고 설득할 수 있었을 텐데요.

하지만 주님은 더 멀리 내다보십니다. 내 것을 고집하는 사람은 돌이키기가 쉽지 않습니다. 지금 그 사람을 붙잡으면 자기 생각만 더 키워주게 됩니다. 그래서 가슴 아프지만 그냥 보내야 하는 것입니다.

하지만 언젠가 하나님이 은혜 주셔서 청년이 마음을 돌이키고 다시 주님께 돌아왔을 것입니다. 왜요? 예수님이 그 사람을 사랑하시기 때문입니다.

예수님이 말씀하십니다.

27절을 보십시오.

…사람으로는 할 수 없으되 하나님으로는 그렇지 아니하니 하나님으로서는 다 하실 수 있느니라 (막 10:27)

우리는 자꾸만 행위에 초점을 맞춥니다. 내가 무엇인가 다 하려 합니다. 먼저 하나님께 맡겨야 합니다. 그 다음 내가 할 수 있는 것에 최선을 다하십시오. 하나님께 맡기며 의지할 때 결과와 열매는 하나님이 주십니다.

주님은 부자 청년을 사랑하셨습니다. 그의 노력 때문이 아니라 그 존재를 사랑하신 것입니다. 우리는 주님의 사랑을 누리다가도 자꾸만 행위로 돌아갑니다. 이 세상의 원리가 행위의 원리이기 때문입니다.

그러나 하나님은 사랑이십니다. 사랑의 원리로 '나를 따르라'고 초대하십니다. 괴롭게 하려는 것이 아닙니다. 어떤 룰에 묶어 두려는 것이 아닙니다. 매 순간순간 우리의 마음이 세상의 우상에게로 집중되기 때문에 자꾸 주님만 바라보라는 것입니다.

‘나를 따르라’는 주님의 명령에 순종할 때 진정한 자유와 행복이 있습니다. 내 열심으로 무엇인가 하려고 하지 마십시오. 내가 하는 만큼 하지 못하는 사람을 정죄하고 죽이는 죄를 범치 마십시오.

은혜로 살아가십시오.

힘들고 어려울 때, 무한한 하나님의 사랑의 품에 안기십시오.

자신의 부족함 때문에 좌절하고 낙심하지 말고, 하나님 품에 안식하십시오.

하나님이 우리를 채우시고 먹이시고 풍성케 하실 것입니다.

그래서 감사와 감격으로 겸손히 섬기고 봉사하고 주님을 따르십시오.

하나님의 사랑으로 늘 행복한 성도가 되시길 축원합니다.

5 내 앞에 거하시는 사랑
(요 1:9-18)

9. 참 빛 곧 세상에 와서 각 사람에게 비추는 빛이 있었나니

10. 그가 세상에 계셨으며 세상은 그로 말미암아 지은 바 되었으되 세상이 그를 알지 못하였고

11. 자기 땅에 오매 자기 백성이 영접하지 아니하였으나

12. 영접하는 자 곧 그 이름을 믿는 자들에게는 하나님의 자녀가 되는 권세를 주셨으니

13. 이는 혈통으로나 육정으로나 사람의 뜻으로 나지 아니하고 오직 하나님께로부터 난 자들이니라

14. 말씀이 육신이 되어 우리 가운데 거하시매 우리가 그의 영광을 보니 아버지의 독생자의 영광이요 은혜와 진리가 충만하더라

15. 요한이 그에 대하여 증언하여 외쳐 이르되 내가 전에 말하기를 내 뒤에 오시는 이가 나보다 앞선 것은 나보다 먼저 계심이라 한 것이 이 사람을 가리킴이라 하니라

16. 우리가 다 그의 충만한 데서 받으니 은혜 위에 은혜러라

17. 율법은 모세로 말미암아 주어진 것이요 은혜와 진리는 예수 그리스도로 말미암아 온 것이라

18. 본래 하나님을 본 사람이 없으되 아버지 품 속에 있는 독생하신 하나님이 나타내셨느니라

하나님은 처음부터 사람과 함께 하시기를 원하셨습니다. 그래서 에덴동산에 인간을 창조하셨습니다. 그러나 인간의 죄로 인해 하나님과 함께 하는 교제가 깨어졌습니다.

여러분, 인간의 삶에서 정말 어려운 것이 외로움, 고독입니다. 인간은 사랑하는 사람, 남편, 아내, 친구, 아이들과 같이 있어도 순간순간 고독합니다. 고독뿐만 아니라 인간의 모든 문제는 인간이 하나님을 떠난 죄 때문입니다. 이 문제를 근본적으로 해결하기 위해 예수님이 우리 인간을 찾아 오셨습니다.

예수님이 이 세상에 친히 오셔서 인간이 해결할 수 없는 죄를 해결해 주십니다. 여기서 14절 "우리 가운데 거한다"는 말은 하나님께서 우리와 함께 사시려고 집을 지었다는 뜻입니다. 이것이 임마누엘입니다. 우리와 잠깐만 함께 계시는 것이 아니라 오랫동안, 영원히 우리와 함께 사시기 위해서입니다. 사랑하면 함께 살고 싶어집니다. 그래서 남녀가 사랑하면 결혼해서 함께 살고 싶어 하는 것입니다. 하나님도 우리를 사랑하시기 때문에 함께 살고 싶어 하십니다.

> 예수께서 대답하여 이르시되 사람이 나를 사랑하면 내 말을 지키리니 내 아버지께서 그를 사랑하실 것이요 우리가 그에게 가서 거처를 그와 함께 하리라 (요 14:23)

보십시오. 사랑하시기 때문에 하나님이 우리에게 오셔서 거처를 함께 하신다고 말씀하십니다. 나와 함께 식사를 하고, 나와 함께 산책을 하고, 나와 함께 이야기 나누며 따뜻한 눈을 마주치기를 원하십니다. 잠깐이 아니라 늘 함께 있고 싶어 하십니다. 그래서 주님이 승천하실 때 다른 말씀하지 않으시고 우리와 영원히 함께 살기 위해 거처를 준비하러 가신다고 말씀하셨습니다.

> 내 아버지 집에 거할 곳이 많도다 그렇지 않으면 너희에게 일렀
> 으리라 내가 너희를 위하여 거처를 예비하러 가노니 가서 너희를
> 위하여 거처를 예비하면 내가 다시 와서 너희를 내게로 영접하여
> 나 있는 곳에 너희도 있게 하리라 (요 14:2-3)

저는 이 말씀을 묵상할 때 한 가지 의문이 일어났습니다. '하나님이 우주를 창조하실 때 우리가 거주할 천국을 준비하지 못하셨나? 왜 새삼스럽게 준비해야 되는가?' 하는 것이었습니다.

계속 묵상하다가 답을 얻었습니다. 천국은 삼위일체 하나님이 이미 다 준비하셨습니다. 다만 내 안에 천국을 만들기 위해 예수님이 죽고 부활, 승천하셔야 성령께서 내 안에 임할 수 있고 내 안에 천국이 만들어지는 것입니다. 천국의 본점과 지점이 동시에 개통이 되어야 성령이 영원히 거주할 수 있는 것입니다.

나 하나를 위해 삼위 하나님이 이토록 수고하십니다. 예수님은 우리와 함께 살기 위해 엄청난 것을 포기하고 희생하셨습니다. 사랑에는 대가 지불이 따릅니다. 내 안에 거하기 위해 예수님은 어떤 대가를 지불하셨습니까? 전능자인 하나님이 무능력한 육체가 되신 것입니다.

> 말씀이 육신이 되어 (요 1:14)

여기에서 말씀은 예수님을 가리키는 말입니다. 요한복음 1장 3절을 보면 말씀이신 예수님이 창조주 하나님과 함께 우주를 만드셨음을 알 수 있습니다.

> 만물이 그로 말미암아 지은 바 되었으니 지은 것이 하나도 그가 없이는 된 것이 없느니라 (요 1:3)

그 말씀이신 하나님, 전능하신 하나님이 육신이 되어 우리 가운데 오셨다고 말씀합니다. 하나님께서 살과 피를 지닌 사람이 되셨습니다. 영국 사람인 리빙스턴이 아프리카 사람을 너무 사랑하니까 아프리카 사람이 되었습니다. 사랑 때문에 국적과 환경을 바꾼 것입니다.

그러나 하나님이 사람을 사랑하셔서 사람이 되셨다는 것은 이것과는 다른 차원의 이야기입니다. 이것은 이해하기 힘든 엄청난 사건입니다. 창조주이신 하나님이 피조물인 사람이 되셨다는 것은 불가능한 일입니다.

천사가 잠깐 사람의 모습으로 나타나는 것은 이해할만 합니다. 그러나 하나님이 사람이 된다는 것은 이해하기 힘든 엄청난 일입니다. 창조주이신 하나님께서 자신의 피조물인 마리아의 몸 속에 들어가서 열 달 동안 계시다가 아기의 몸으로 태어나셨다는 것을 이해할 수 있겠습니까? 사람을 이해하고, 사람을 돕기 위해 인간의 모든 과정에 직접 체험하십니다. 이것은 정말 있을 수 없는 일입니다. 그런데 사랑하기 때문에 이루어진 일입니다. 육체로 오신 하나님은 사람들과 같이 연약해지셨다고 했습니다.

> 그가 무식하고 미혹된 자를 능히 용납할 수 있는 것은 자기도 연
> 약에 휩싸여 있음이라 (히 5:2)

예수님이 인간과 똑같이 연약함을 가지셨습니다. 육체로 오신 예수님은 가난해지셨습니다. 태어날 때도 말구유에서 태어나셨습니다. 성장기에도 목수의 아들로 태어나 아버지의 일을 도와야 했습니다. 피난살이도 했습니다. 예수님이 태어났을 때 헤롯 왕이 죽이려 하자 애굽으로 피난을 가야 했습니다.

가정을 위해 부모를 섬기는 것도 감당하셨습니다. 가난한 목수의 아들로 태어났기에 아버지의 일을 도와 가족의 생계를 책임집니다. 40일 금식하신 후에 배고픔을 느끼셨고, 하루 종일 사람들에게 말씀을 가르치고 병을 고쳐주시느라 너무 지쳐서 풍랑 치는 배 위에서도 곯아떨어질 만큼 피곤도 느끼셨습니다. 육체가 가진 모든 한계를 그대로 다 경험하며 살아야 하는 참 인간이 되셨습니다.

그리고 마지막에는 죄인이 되셨습니다. 죄인이 되셔서 십자가 형틀에 매달려 죽임을 당했습니다. 내가 져야 할 죄입니다. 우리가 져야 할 죄입니다. 그 영원한 죄를 지고 죽으셨습니다. 예수님은 나의 연약함을 해결하시고 영원히 나와 함께 계시기 위해 이 땅에 오셨고 엄청난 대가를 치르셨습니다.

아버지의 품속에서 떠나 자기를 영접하지 않는 강퍅한 백성들에게 오셨습니다. 18절에 '아버지 품속에 있는 독생하신 하나님'이 11절에 '자기 땅에 오매 자기 백성이 영접하지 아니하였다'고 말씀합니다.

성부, 성자, 성령, 삼위일체 하나님의 하나 됨은 우리가 상상할 수 없는 놀라운 하나 됨입니다. 마음과 뜻이 같습니다. 능력도 같습니다. 성품도 같습니다. 우리가 마음이 맞는 친구를 만나면 얼마나 행복합니까? 삼위일체 하나님도 함께 있을 때 너무나 행복했습니다. 더 이상 필요한 것이 없었습니다. 영원한 만족과 행복과 기쁨이 충만했습니다.

그런데 예수님이 그 아버지의 품속에서 떠났다는 것입니다. 우리를 사랑했기 때문입니다. 그러면 그에 상응하는 대가가 주어져야 하는 것 아닙니까? 아버지의 품을 떠나왔더니 사람들이 자기를 반겨주어야 좀 일하고 섬길 맛이 나지 않겠습니까? 그러나 아버지의 품을 떠나 온 결과 자기 백성에게 배척받고 버림받고 외면당하였습니다.

인간처럼 이기적이고 자기밖에 모르는 존재가 어디 있을까요? 인간의 악은 짐승보다 더 악할 때가 있습니다. 저는 유산 때문에 가족이 원수가 되는 것을 참 많이 보았습니다. 인간은 하나님도 배척합니다. 이것을 다 아시고도 우리 주님은 우리 가운데 오시는 것을 선택하셨습니다. 전능한 하나님의 능력을 사용할 수 있었는데도 쓰지 않으시고 사람으로, 죄인으로 오셨기에 그렇게 사셨습니다. 이것은 너무나 어리석은 선택입니다. 계산이 맞지 않습니다. 손해가 너무너무 큽니다. 그러나 우리를 너무 사랑하시기 때문에 그 모든 희생을 희생으로 여기지 않았습니다.

그런데 예수님이 세상에 오셨지만, 이 세상의 주인이 오셨지만, 세상이 그를 모르고 영접하지 않았습니다. 하나님의 사랑의 빛이 비추어져도 사람들이 그 빛을 버리고 스스로 어둠을 선택하면 그 은혜를 누릴 수 없습니다. 이것이 우리의 어리석음이요, 죄요, 악이며, 또 상처이고 아픔입니다.

인생이 예수님과 함께 하는 것을 좋아하지 않아서 좋아해보고 싶어도 잘 안 됩니다. 예수님을 만나고 싶지만 또 잘 안 되는 것입니다. 예수님의 사랑을 경험하고 싶지만, 잘 되지 않습니다. 예수님이 저 사람은 사랑하시는 것 같은데, 나는 사랑하지 않는 것 같습니다. 예수님이 저 사람 기도는 응답해주시는 것 같은데, 내 기도에는 관심이 없는 것 같습니다.

그러나 그것은 우리의 오해입니다. 예수님은 자기를 포기하고 세상에 와서 '각 사람'을 비추는 빛이 되셨습니다.

참 빛 곧 세상에 와서 각 사람에게 비추는 빛이 있었나니 (요 1:9)

불특정 다수의 대중이 아니라, 익명의 집단이 아니라, 열심히 사는 사람들이 아니라, 나를 위해서 오신 것입니다. 예수님은 우리 한 사람 한 사람과 개인적이고 인격적이고 친밀한 만남을 갖기 원하십니다.

각 사람이 바로 '나'라는 사실을 깨달아야 합니다. 나와 친밀한 관계를 원하십니다. 나와 함께 교제하기를 원하십니다. 내 귀에 사랑의 음성으로 속삭여주십니다. '내가 너를 사랑한다'고 말씀하십니다. 나와 함께 사시려고 자기의 모든 것을 버리신 예수님의 사랑을 믿는 성도가 되시길 축원합니다.

사람의 사랑은 불완전합니다. 부모라도 더 사랑하는 자식이 있는 법입니다. 그러나 하나님은 똑같이 사랑하십니다. 전능하신 하나님은 완전하시기 때문입니다. 그런데 누군가가 하나님과 더 깊이 교제하는 것처럼 보이는 것은 그가 하나님께 더 많이 헌신하고, 하나님과 더 많은 시간을 함께 보내기 때문입니다. 누군가가 주님을 더 많이 아는 것은 그 사람이 주님과 더 많은 시간을 보냈기 때문입니다.

새가족 성경공부 교재인 『새로운 시작』에 나오는 예화인데 함께 나누고 싶어서 소개합니다.

몇 년 전 구원을 체험한 한 중국인이 이런 간증을 했습니다.

나는 인생의 여정을 걷다가 죄의 큰 수렁에 빠져 있었습니다. 그때 이슬람교의 창시자인 마호멧이 와서 말했습니다.

"너는 실제로 그 수렁에 있는 것이 아니야. 다만 네가 빠졌다고 생각할 뿐이지."

다음으로 부처가 와서 말했습니다.

"네가 그 수렁에서 나올 수 있는 일곱 단계가 있다. 만약 네가 기어오르려고 노력하면 나올 수 있을 것이다."

그는 애썼지만 나올 수 없었습니다.

그러자 공자가 와서 말했습니다.

"여기 수렁에서 나올 수 있는 10단계의 자기 수양이 있다. 그 중에서 네가 절반만 행할 수 있다면 나머지 반은 사람들이 너를 도와줄 것이다."

그러나 아무리 애를 써도 나는 여전히 죄의 구덩이 안에 있었고 아무런 소용이 없었습니다. 그런데 어느 날 나사렛 예수가 다가왔습니다. 그는 내 형편을 보셨습니다. 그는 왕의 옷을 벗어 던지고는 한 처녀의 몸을 통하여 이 땅에 오셨습니다. 결코 죄를 지은 일이 없으신 그분은 나를 위해 죄인이 되셨습니다. 그분은 구덩이 속으로, 오물과 진흙투성이 속으로, 죄 가운데로 내려 오셔서 나를 들어 올리셨습니다. 내가 스스로 할 수 없었던 것을 그리스도께서 나를 위해 해주셨습니다.

나를 책임져 주시는 사랑, 이것이 전능하신 하나님이 하시는 사랑입니다.

하나님은 지금도 나를 기다리십니다.

"내 사랑을 믿어다오, 내 사랑을 받아다오. 나와 함께 해다오."

사랑을 믿어야 열정이 생깁니다.

사랑을 믿어야 비전이 생기고, 꿈도 꿉니다.

사랑을 믿어야 내 인생이 폭발합니다.

주님의 사랑을 믿는 성도가 되시길 축원합니다.

사랑하면 행복해집니다

언제나 내 편이 되어주시는 사랑

(눅 6:1-11)

1. 안식일에 예수께서 밀밭 사이로 지나가실새 제자들이 이삭을 잘라 손으로 비비어 먹으니
2. 어떤 바리새인들이 말하되 어찌하여 안식일에 하지 못할 일을 하느냐
3. 예수께서 대답하여 이르시되 다윗이 자기 및 자기와 함께 한 자들이 시장할 때에 한 일을 읽지 못하였느냐
4. 그가 하나님의 전에 들어가서 다만 제사장 외에는 먹어서는 안 되는 진설병을 먹고 함께 한 자들에게도 주지 아니하였느냐
5. 또 이르시되 인자는 안식일의 주인이니라 하시더라
6. 또 다른 안식일에 예수께서 회당에 들어가사 가르치실새 거기 오른손 마른 사람이 있는지라
7. 서기관과 바리새인들이 예수를 고발할 증거를 찾으려 하여 안식일에 병을 고치시는가 엿보니
8. 예수께서 그들의 생각을 아시고 손 마른 사람에게 이르시되 일어나 한가운데 서라 하시니 그가 일어나 서거늘
9. 예수께서 그들에게 이르시되 내가 너희에게 묻노니 안식일에 선을 행하는 것과 악을 행하는 것, 생명을 구하는 것과 죽이는 것, 어느 것이 옳으냐 하시며
10. 무리를 둘러보시고 그 사람에게 이르시되 네 손을 내밀라 하시니 그가 그리하매 그 손이 회복된지라
11. 그들은 노기가 가득하여 예수를 어떻게 할까 하고 서로 의논하니라

오늘 본문을 보면 예수님과 함께 밀밭 사이를 지나가던 제자들이 너무 배가 고파서 밀 이삭을 잘라 먹습니다.

> 그때에 예수께서 안식일에 밀밭 사이로 가실새 제자들이 시장하여 이삭을 잘라 먹으니 (마 12:1)

그때 바리새인들이 왜 안식일에 하지 못할 일을 했느냐고 안식일 율법을 어겼다고 비난합니다.

> 너희는 안식일을 지킬지니 이는 너희에게 거룩한 날이 됨이라 그 날을 더럽히는 자는 모두 죽일지며 그날에 일하는 자는 모두 그 백성 중에서 그 생명이 끊어지리라 (출 31:14)

안식일을 지키는 것은 하나님께서 제정하신 율법입니다. 안식일을 어기는 것은 죽음에 해당하는 범죄였습니다. 그런데 바리새인들은 이 안식일 율법을 자기들이 임의대로 더욱 세부적으로 정해서 지키도록 했습니다. 안식일에 해서는 안 되는 39가지 규칙이 있었고 그 안에 234가지의 세칙이 있었습니다.

그중에 재미나는 것이 몇 가지 있습니다. 안식일에는 호주머니에 우리나라 돈으로 하면 약 5천 원 정도 이상을 소유해서는 안 됩니다. 그러니까 안식일이 시작되는 금요일 저녁 6시가 되면 율법이 정한 액수의 돈만 남겨 놓고 자기 호주머니에 있는 돈을 다 털어서 남에게 주어야 합니다. 옷도 최소한의 옷을 입어야합니다. 그리고 거울도 보아서는 안 됩니다.

지금 제자들은 바리새인들이 만든 규정을 몇 개씩이나 어기고 있는 것입니다. 밀 이삭을 꺾는 것은 안식일에 추수를 금지한 행위를 어긴 것입니다. 밀 이삭을 손바닥에 놓고 비비는 것은 타작행위에 속하니까 안식일에 일하지 말라는 법을 어긴 것입니다. 밀 이삭을 그냥 먹을 수가 없으니까 비벼서 깐 다음 입으로 불어먹게 됩니다. 이것은 키질을 하지 말라는 규칙을 어긴 것이고, 그것을 입에 털어 넣고 먹는 것은 음식을 만드는 행위로서 안식일을 범하는 죄가 되는 것입니다. 얼마나 복잡합니까? 이들은 성경에 없는 법을 만들었습니다.

왜 이런 일들이 일어나게 되었을까요? 안식일의 본질, 그 정신을 모르고 율법을 문자적으로 해석했기 때문입니다. 그들은 왜 하나님께서 안식일을 지키라고 하셨는지 그 의도를 외면해 버렸습니다. 지금 제자들이 안식일에 밀 이삭을 잘라 먹은 이유는 배가 고팠기 때문입니다.

신명기 23장 25절에 보면 이런 말씀이 있습니다.

> 네 이웃의 곡식밭에 들어갈 때에는 네가 손으로 그 이삭을 따도 되느니라 그러나 네 이웃의 곡식밭에 낫을 대지는 말지니라

하나님은 긍휼이 풍성하신 분이십니다. 그래서 언제나 가난한 자를 배려하셨습니다. 그래서 추수할 때에도 다 거두지 말고 가난한 자들을 위하여 이삭을 남겨 두도록 했습니다. 배가 고픈 자들로 하여금

남의 밭이라 할지라도 들어가 먹을 수 있도록 배려한 것입니다.

그러나 조건이 있습니다. 손으로 잘라 먹는 것은 허용되지만 절대로 낫을 대면 안 된다는 것입니다. 낫을 댄다는 것은 배고픔을 해결하는 정도가 아니라 밀을 도둑질하는 것이기 때문입니다. 그러니까 지금 제자들이 남의 밭에서 밀 이삭을 잘라 먹는 것은 율법의 가르침에 전혀 어긋난 행동이 아닙니다. 그러면 지금 바리새인들이 문제 삼는 것은 무엇입니까? 왜 안식일에 일을 했냐는 것입니다.

이에 대해 예수님은 다윗의 경우를 들어 설명합니다.

> 예수께서 대답하여 이르시되 다윗이 자기 및 자기와 함께 한 자들이 시장할 때에 한 일을 읽지 못하였느냐 그가 하나님의 전에 들어가서 다만 제사장 외에는 먹어서는 안 되는 진설병을 먹고 함께 한 자들에게도 주지 아니하였느냐 (눅 6:3-4)

이 사건은 사무엘상 21장 1-6절에 기록된 내용의 말씀입니다. 사울을 피하여 도망치던 다윗이 제사장 아히멜렉에게 찾아갔습니다. 그때 다윗과 그 병사들은 너무 배가 고팠습니다. 그래서 하나님의 전에 들어가 제사장 외에는 먹지 못하던 성전의 떡인 진설병을 제사장에게 받아서 먹었습니다.

이것이 왜 문제가 되지 않았을까요? 다윗은 제사장은 아니지만 하나님께 기름부음 받은 자입니다. 그래서 자격이 있다고 볼 수 있습니다. 그런데 왜 자기와 함께 한 병사들에게도 주었을까요? 다윗은 인간의 생명이 종교적인 의식법보다 우위에 있다고 해석한 것입니다. 그런데 하나님께서 이를 수용하신 것입니다.

그래서 주님은 말씀하십니다.

"다윗이 성막의 진설병을 먹은 것이 문제되지 않을진대 어찌하여 나의 제자들이 안식일에 밀 이삭을 잘라 먹은 것을 문제를 삼으려고 하느냐?"

다윗과 굶주린 병사들이 제사장만 먹을 수 있는 진설병을 먹은 것처럼 나와 내 제자들이 안식일이지만 밀 이삭을 먹을 수 있다는 것입니다.

제자들을 사랑하셔서 그들을 보호하시는 예수님의 마음이 느껴지십니까? 우리가 곤경에 처해있을 때, 우리의 삶에 위기를 만날 때 하나님은 우리를 변호해주시며 내 편이 되어 주십니다. 제자들이 뭐 이런 거 저런 거 생각해서 밀 이삭을 잘라 먹었겠습니까? 아무 생각 없이 그냥 배가 고파서 한 행동입니다. 그런데 제자들은 자기들의 작은 실수 때문에 예수님이 곤경을 당하시는 모습을 보면서 얼마나 조마조마했겠습니까? 하지만 주님께서는 제자들을 책망하신 것이 아니라 오히려 그들을 변호해주시는 것입니다.

여러분, 우리가 삶을 살아가다가 실수하거나 죄를 지을 때가 있습니다. 이때 우리의 양심이 '바리새인'이 되어 우리를 정죄합니다. 그 양심은 대체적으로 부모님이 만들어 준 것입니다. 그런데 부모님들이 자식을 사랑하면서도 바리새인처럼 계속 율법으로 정죄하다 보니 이제는 부모님이 없어도 내 안에 양심이 부모 노릇하는 것입니다.

양심의 목적은 정죄와 처벌입니다. 그러나 예수님은 사랑이 목적입니다. 예수님은 나를 위로하시고 내 편이 되어주십니다. 그래서 주님은 법으로 살지 말고 사랑으로 살라고 말씀하십니다.

이제 다윗의 예를 들어 제자들을 변호하시던 예수님은 한 걸음 더 나아가 예수님 자신이 안식일의 주인이심을 선포하셨습니다.

또 이르시되 인자는 안식일의 주인이니라 하시더라 (눅 6:5)

예수님이 안식일의 주인이라는 말씀은 몇 가지 의미를 가지고 있습니다.

첫째는, 예수님 자신이 안식일을 제정하신 하나님과 동등하신 분이시라는 말입니다. 다른 말로 하면 예수님 자신이 바로 하나님이라는 말입니다.

두 번째로, 예수님이 안식일의 정신을 완성하신 분이라는 말입니다. 안식일은 사람들이 하나님의 창조하심에 감사하며 예배하도록 하신 날입니다. 이 날이 바로 구약의 안식일입니다.

그런데 신명기 5장 15절에 와서는 한 걸음 더 나아가 애굽에서 구원받은 것을 기념하여 안식일을 기억하여 거룩히 지키라고 말합니다.

그러니까 안식일이 창조에서 구원으로 옮겨져 가고 있습니다.

> 너는 기억하라 네가 애굽 땅에서 종이 되었더니 네 하나님 여호
> 와가 강한 손과 편 팔로 거기서 너를 인도하여 내었나니 그러므
> 로 네 하나님 여호와가 네게 명령하여 안식일을 지키라 하느니라
> (신 5:15)

그리고 신약시대에 와서는 예수님이 부활하신 안식 후 첫날에 주
의 백성들이 모이기 시작했습니다. 그러니까 구약의 안식일이 점진적
으로 자연스럽게 안식 후 첫날인 주일로 바뀐 것입니다.

구약의 안식일과 신약의 주일에는 창조와 구속이라는 동일한 정신
이 흐르고 있습니다. 구약의 처음 안식일이 하나님의 처음 창조를 기
념하는 날이라면 신약의 주일은 예수님이 사망의 권세를 이기시고 부
활하신 것을 기념하는 날이라고 말할 수 있습니다.

예수님은 타락한 이 세상이 다시 하나님의 품으로 돌아갈 수 있는
길을 열어주셨습니다. 이렇게 볼 때에 안식일의 진정한 정신과 목적은
예수님에 의해서 성취된 것입니다. 그러므로 예수님은 안식일의 주인
이십니다. 이 예수님이 바로 나의 주님이십니다. 천지의 주인이신 하
나님이 나의 주님이십니다. 그분이 내 편이 되어주시고, 나를 변호해
주시며, 내 삶 속에서 선한 것을 발견해주시고 인정해주십니다. 그냥
변호해주시는 것이 아니라, "내가 천지만물의 주인이다! 내가 맞다고
하면 맞는 것이다!" 라고 내 손을 들어주십니다. 이것이 주님의 사랑입

니다. 얼마나 통쾌한지요.

　그런데 사건은 여기서 끝나지 않습니다. 6절부터는 예수님께서 또 다른 안식일에 회당에서 손 마른 사람을 고치신 사건을 기록하고 있습니다. 손이 말랐다는 말은 일종의 근육마비 증상을 말합니다. 근육마비 증상이란 뼈만 앙상하게 남은 상태에서 점점 손이 오그라들며 통증을 유발시키는 병입니다.

　그런데 바리새인과 서기관들은 과연 예수가 안식일에 이 병든 자를 고칠 것인가, 아니면 안식일의 규례에 따라 고치지 않을 것인가를 엿보고 있었습니다. 여기 '엿보다'는 말은 동물들이 자신의 먹이를 노릴 때에 사용되는 말입니다. 그러니까 먹잇감을 노리듯이 예수님의 비리를 잡기 위해 눈에 불을 켜고 관찰하고 있었다는 말입니다. 이것이 양심의 역할입니다.

　많은 학자들은 바리새인들이 의도적으로 예수님을 잡을 덫을 놓기 위해 안식일에 환자를 회당에 미리 준비해서 예수님을 만나게 했다고 설명합니다. 우리 안에 양심은 바리새인처럼 나를 부정적으로 판단하고 정죄하려 합니다. 바리새인이나 양심은 나를 쓰러뜨려 넘어지도록 부정적으로 해석하고 찌르고 죽이려 합니다. 그들은 영혼을 살리고 병든 자가 고침을 받는 것에 대하여서는 전혀 관심이 없는 사람들이었습니다. 안식일을 범했다는 확실한 증거를 확보해서 예수님을 죽이려고, 나를 죽이려고 지금 그들이 그 자리에 온 것입니다.

　주님은 이미 그들의 생각을 알고 계셨습니다. 그리고 주님은 손 마른 사람에게 일어나 한가운데 서라고 말씀하십니다. 주님은 이 손 마른 자를 모든 사람이 볼 수 있는 중앙의 자리에 불러 세웠습니다. 그리고 이렇게 말씀하셨습니다.

> 예수께서 그들에게 이르시되 내가 너희에게 묻노니 안식일에 선을 행하는 것과 악을 행하는 것, 생명을 구하는 것과 죽이는 것, 어느 것이 옳으냐 하시며 (눅 6:9)

아무도 주님의 이 물음에 대답하지 못했습니다. 그러자 주님은 자기를 고발하기 위해 앉아 있는 무리를 바라보시면서 이렇게 말씀하셨습니다.

> 무리를 둘러보시고 그 사람에게 이르시되 네 손을 내밀라 하시니 그가 그리하매 그 손이 회복된지라 (눅 6:10)

기적이 일어났습니다. 근육마비 증세로 말라서 비틀어진 손이 펴지기 시작한 것입니다. 회복이 된 것입니다. 얼마나 놀라운 일입니까? 얼마나 기쁘고 즐거운 일입니까? 우리의 양심이 정죄하는 악에서 해방되기 위해 양심과 맞서야 합니다. 양심이 정죄할 때 인정할 것은 인정합니다. 그리고 예수님의 속죄에 의지합니다.

바리새인들이 자기들의 목적을 이루기 위한 수단으로 사용한 그 불쌍한 사람을 우리 주님은 소중한 인격으로 대하셨습니다. 예수님은 양심의 정죄 때문에, 고통당하는 우리를 회복이 필요하며 행복한 삶이 필요한 귀중한 생명으로 바라보십니다.

하나님은 한 번도 나를 수단으로 대하지 않으십니다. 나를 이용할 마음이 없으십니다. 나를 통해 자신의 이익을 좀 얻어 보려는 의도가 없으십니다. 오히려 나의 형통과 행복을 위해 늘 고민하시며 생각하십니다. 나를 사랑하시기 때문입니다. 그러나 이 놀라운 축복의 현장에서 바리새인들은 전혀 기뻐하지 않았습니다.

> 그들은 노기가 가득하여 예수를 어떻게 할까 하고 서로 의논하니라 (눅 6:11)

안식일에 병을 고쳐준 이 사건은 결국 예수님의 생명에 위협을 가져오게 된 것입니다. 내 안에 있는 양심은 내 자신이 마음에 안 들 때 죽으라고 합니다. 다른 사람이 마음에 안 들 때 그를 미워하며 죽이려 합니다.

그런데 참 재미있는 것은 예수님이 왜 굳이 안식일 논쟁을 유발시키는가 하는 것입니다. 바리새인들이 정한 안식일의 규례에도 생명의 위험이 있는 사람은 안식일에도 치료하는 것이 허용되어 있습니다. 그러나 생명에 지장이 없는 경우에는 절대로 치료해 주어서는 안 되게 되어 있습니다. 이 손 마른 사람은 물론 통증이 있고 고통스럽긴 했지만 생명에는 위험이 없는 사람입니다. 그러므로 안식일에 이 손 마른 사람을 고치는 것은 안식일의 규례를 어기는 것입니다. 오히려 이 일은 예수님의 생명을 위협하는 일이 되는 것입니다.

그러면 주님은 왜 안식일에 이 손 마른 사람을 고치셨을까요? 예수님 자신이 안식일의 주인이심을 알리시기 위해서입니다. 안식일의 본질이 무엇인가를 바르게 가르쳐 주시기 위함입니다. 율법의 본질은 사랑입니다. 그런데 바리새인들은 본질을 외면해 버렸습니다. 그리고 오히려 율법을 자기 의를 드러내는 도구로 전락시킨 것입니다. '나는 율법을 잘 지키는데 너는 지키지 않으니 벌을 받고 죽어라.' 이것이 그들의 생각인 것입니다. 이런 생각은 사랑이 아닙니다. 예수님은 저들의 생각이 잘못되었음을 분명히 보여주시려고 의도적으로 안식일 논쟁을 일으키신 것입니다.

여러분, 원래 우리 안에 양심이 존재한 의도는 무엇일까요? 하나님의 말씀에 순종하게 하고 우리의 행복을 지키기 위해서입니다. 그런데 타락한 인간의 양심은 용서가 없습니다. 늘 정죄합니다. 내가 내 양심을 지키면 교만해지고 남을 정죄합니다. 내가 내 양심을 못 지키면 자기학대를 하면서 숨어버립니다.

하나님의 마음은 율법으로 판단하고 정죄하며 살라는 것이 아니라 '사랑의 법'으로 살라는 것입니다. 이것이 율법의 본질입니다. 율법이 무엇입니까? 한 마디로 말하면 하나님 사랑, 이웃사랑입니다.

안식일을 지키는 것은 하나님을 사랑하라는 것입니다. 하나님을 사랑하면 사람을 사랑하는 것으로 나타납니다. 하나님이 사람을 사랑하시기 때문입니다. 그러므로 나와 하나님과의 관계만 생각하면 안 됩니다. 내가 은혜 받는 것만 생각하면 이기적이 됩니다. 하나님의 사랑을 받았다면 그 사랑을 나누고 섬겨야 하는 것입니다. 이것이 율법의 정신입니다. 사랑의 삶입니다. 이런 사랑의 실천이 있을 때 우리는 더 큰 사랑 가운데 살게 되고, 행복해집니다.

1959년도에 만들어진 '로베레의 장군'이라는 영화에 이런 장면이 나옵니다. 제2차 세계대전 당시 독일군이 지배하던 프랑스에서 레지스탕스(저항 운동가)들을 체포하여 처형시킬 때였습니다. 저항운동에 참여하지 않았는데 잘못 잡혀온 사람이 그곳에 끼어 있었습니다. 그는 억울하다며 항변했습니다.

"나는 아무것도 하지 않았습니다. 나는 아무것도 하지 않았는데 왜 억울하게 죽임을 당해야 합니까? 억울합니다."

그러자 같이 잡혀와 있던 한 레지스탕스가 조용히 말했습니다.

"당신은 아무것도 안 했다는 사실만으로도 죽어 마땅하오. 전쟁이 5년이나 계속되면서 모든 것이 파괴되었고 수백만 명의 사람이 무참히 죽어갔소. 조국이 나치 하에서 고통 받고 있는데 도대체 어떻게 아무것도 하지 않을 수 있단 말이오. 당신은 아무것도 하지 않았다는 사실만으로 죽어 마땅하오!"

이웃을 위해 아무것도 행하지 않은 것이 오히려 더 큰 죄인 것입니다. 나치를 반대하다 나치 수용소에 잡혀온 독일 목사, 마틴 니뮐러는 이런 시를 썼습니다.

처음 독일은 공산주의자들을 박해했습니다.
그때 나는 잠잠히 있었습니다.

나는 공산주의자가 아니었기 때문입니다.

그 후에는 유대인들을 박해했습니다.

그때도 나는 잠잠히 있었습니다.

나는 유대인이 아니었기 때문입니다.

그 후에는 노동조합원들을 박해했습니다.

그때도 나는 잠잠히 있었습니다.

나는 노동조합에 속해 있지 않았기 때문입니다.

그 후에는 천주교인들을 박해했습니다.

그때도 나는 잠잠히 있었습니다. 나는 개신교였기 때문입니다.

나중에 사람들은 나를 잡으러 왔습니다.

그런데 그때는 나를 위해 외칠 사람들이 아무도 남아 있지 않았습니다.

사랑을 베푸는 것은 다른 사람을 위하는 것 같지만 결국 자기를 위한 것입니다. 영화 쉰들러 리스트를 아시죠? 쉰들러는 독일인 사업가로 독일군들이 유대인들을 죽일 때 그들을 살려내기 위해 노력했습니다. 그는 자기 행복을 위해 사업했지만 그래도 유대인들을 살려내는 선한 일에도 노력하였습니다. 그리고 나중에 연합군이 이겼을 때 이 사람이 독일군과 사업했기 때문에 붙잡힙니다.

그때 그를 통해 살아난 수천 명의 유대인들이 그를 변호해주었습니다. 쉰들러 공장에 있던 유대인 노동자들이 쉰들러를 보호하는 편지에 모두 서명한 것입니다. 모든 유대인과 세계 역사는 그에게 감동하며 감사했습니다. 고통당한 유대인들에게 베풀었던 친절이 이렇게 돌아온 것입니다. 나를 보호하기 위해 그저 가만히 있는 태도를 버리고 하나님을 사랑하는 마음으로 이웃에게 사랑을 베푸는 삶을 살아야 하겠습니다.

강도 만난 자를 구한 선한 사마리아인의 이야기를 기억하시죠? 한 사람이 강도를 만나 가진 것을 다 **빼앗기고** 길에 쓰러져 있었습니다. 제사장도 지나가고 레위인도 그냥 지나쳐 갑니다. 그런데 유대인들이 무시하고 사람 취급하지 않는 사마리아인이 지나가다가 강도 만난 사람을 도와줍니다.

제사장과 레위인이 사랑을 실천할 수 없었던 이유는 성경에 기록되어 있지 않습니다. 아마도 더 중요한 일이 있었는지도 모릅니다. 그런데 사람을 살리는 일보다 더 시급한 일이 무엇일까요? 아무튼 그들은 자신들의 계획 때문에 강도 만난 사람을 외면해야 했을 것입니다.

자기의 계획을 충실히 지키면 영혼을 사랑할 여유가 없습니다. 사마리아인은 강도 만난 자를 도와주는 바람에 자기의 여행 계획에 차질이 생겼습니다. 여행 계획은 물론 돈도 많은 손실이 있었습니다. 그럼 사마리아인은 여행 계획을 다 포기했나요? 그렇지 않습니다. 그는 강도 만난 자를 돕느라 중단되었던 여행을 다시 재촉해 이어갔습니다.

하나님은 내 삶을 완전히 포기하며 사랑하라고 하지 않으십니다. 양심의 정죄에서 살지 말고 사랑의 정신, 그 방향으로 살라는 것입니다. 조금씩이라도 사랑을 베풀라는 것입니다. 먼저 나에게, 그리고 다른 사람들에게 하나님이 주신 사랑을 베풀면 삶이 달라집니다. 그때 내 안에 천국이 더 크게 확장되며 부흥됩니다. 하나님이 더 부어주십니다.

사실 사랑을 베풀 수 있을 정도로 한가한 사람은 없습니다. 사랑을 베풀 수 있을 정도로 돈이 남아도는 사람도 없습니다. 저도 이번 다니엘 세이레 기도회에 임하는 각오로 제 에너지의 80% 정도를 사용하려고 하였습니다. 그런데 하나님이 제 건강을 통해 저를 깨우치셨습니다.

제가 고민하다가 하나님의 사랑을 입은 자로서 더 하나님을 의지하고 성도들을 더 사랑하는 마음으로 이 다니엘 세이레 기도회를 섬기리라, 제 에너지의 100%를 다 쓰기로 결단하였습니다. 그리고 제 헌신을 보이기 위해 하나님께 드릴 수 있는 최선의 정성으로 헌금을 드렸습니다. 그 후 감사가 제 마음에 넘칩니다. 하나님이 부어주시는 말씀의 축복과 은혜가 더 깊이 느껴집니다.

여러분도 하나님이 부어주시는 은혜를 충만히 누리시고 경험하시길 바랍니다.

나누고 섬기기 위해 나를 드릴 때 율법의 정신을 구현하는 것입니다. 그럴 때 우리 인생이 행복해집니다.

사랑의 실천이 있는 성도가 되시길 축원합니다.

사랑하면 행복해집니다

내 스타일을 존중하시는 사랑
(요 1:37-49)

37. 두 제자가 그의 말을 듣고 예수를 따르거늘

38. 예수께서 돌이켜 그 따르는 것을 보시고 물어 이르시되 무엇을 구하느냐 이르되 랍비여 어디 계시오니이까 하니 랍비는 번역하면 선생이라)

39. 예수께서 이르시되 와서 보라 그러므로 그들이 가서 계신 데를 보고 그날 함께 거하니 때가 열 시쯤 되었더라

40. 요한의 말을 듣고 예수를 따르는 두 사람 중의 하나는 시몬 베드로의 형제 안드레라

41. 그가 먼저 자기의 형제 시몬을 찾아 말하되 우리가 메시아를 만났다 하고 (메시아는 번역하면 그리스도라)

42. 데리고 예수께로 오니 예수께서 보시고 이르시되 네가 요한의 아들 시몬 이니 장차 게바라 하리라 하시니라 (게바는 번역하면 베드로라)

43. 이튿날 예수께서 갈릴리로 나가려 하시다가 빌립을 만나 이르시되 나를 따르라 하시니

44. 빌립은 안드레와 베드로와 한 동네 벳새다 사람이라

45. 빌립이 나다나엘을 찾아 이르되 모세가 율법에 기록하였고 여러 선지자가 기록한 그이를 우리가 만났으니 요셉의 아들 나사렛 예수니라

46. 나다나엘이 이르되 나사렛에서 무슨 선한 것이 날 수 있느냐 빌립이 이르되 와서 보라 하니라

47. 예수께서 나다나엘이 자기에게 오는 것을 보시고 그를 가리켜 이르시되 보라 이는 참으로 이스라엘 사람이라 그 속에 간사한 것이 없도다

48. 나다나엘이 이르되 어떻게 나를 아시나이까 예수께서 대답하여 이르시되 빌립이 너를 부르기 전에 네가 무화과나무 아래에 있을 때에 보았노라

49. 나다나엘이 대답하되 랍비여 당신은 하나님의 아들이시요 당신은 이스라엘의 임금이로소이다

미국의 한 가정에서 16살 된 아들이 아버지에게 말합니다.

"아버지, 나도 이젠 16살이 되니까 자동차 면허를 따서, 아버지 자동차를 몰고 다닐 수 있게 해주세요."

그러니까 아버지가 하는 말이

"그래, 좋아. 그러나 운전을 하려면 책임 있는 인간이 돼야 한다. 나하고 약속을 하자. 약속을 지키는 게 책임 있는 사람의 모습이다. 첫째, 공부해서 성적을 올리도록 해라. 둘째, 성경을 매일 아침 한 장씩 읽어라. 셋째, 네 머리가 너무 길다. 머리를 잘라서 단정하게 했으면 좋겠다."

이 아이가 한 학기를 열심히 공부해서 성적이 올라갔어요.

아버지 앞에 성적표를 내놓으면서 "자, 운전면허도 땄고, 성적도 올랐고, 성경도 읽었어요. 이제 저 운전해도 되죠?"

아버지가 보시더니 "근데 머리를 자르기로 약속했는데 머리는 자르지 않았구나." 라고 말을 합니다.

그러자 아들이 하는 말이 "아버지, 예수님도 머리가 길던데 저도 예수님 닮아서 머리를 좀 길게 하려고 합니다."

순간 아버지가 잠깐 고민하더니 하시는 말씀이 "그러면 예수님처럼 걸어 다녀라."

여러분, 정신이 좀 들면서 말씀을 들을 준비가 되셨는지요?

오늘 본문에 예수님이 제자들을 부르시는 장면이 소개되어 있습니다. 그런데 가만히 보면 예수님이 제자들을 만날 때 그들의 형편에 맞게 각각 다르게 접근하는 모습이 나타납니다. 그 중 몇 사람을 소개하려 합니다.

첫 번째는 안드레입니다. 안드레는 세례요한의 소개로 예수님께 왔습니다.

> 또 이튿날 요한이 자기 제자 중 두 사람과 함께 섰다가 예수께서 거니심을 보고 말하되 보라 하나님의 어린 양이로다 (요 1:35-36)

여러분은 세례요한이 얼마나 대단한 사람인지를 알아야 합니다. 예수님이 오기 전에는 온 이스라엘이 주목하고 두려워하는 최고의 선지자가 세례요한이었습니다. 그런데 그의 사명은 메시아의 길을 예비하는 자이기 때문에 조만간 자신이 죽을 것을 알았습니다. 그래서 세례요한은 자기 제자들에게 예수님을 '하나님의 어린 양'이라고 소개합니다. 그러자 안드레가 그 말을 듣고 예수님을 따라갑니다.

이 사람은 아주 적극적인 사람입니다. 자신이 헌신해야 할 대상을 찾아 인생을 바치는 사람입니다. 예수님을 따라온 안드레에게 "무엇을 구하느냐?" 물으니까, "랍비여 어디 계시오니이까" 묻습니다. 그러자 예수님은 "와서 보라"고 하시며 자신의 삶을 보여주십니다. 안드레가 예수님이 계신 곳에서 함께 하룻밤을 지냅니다. 그리고 예수님이 메시아인 것을 확신하게 됩니다.

적극적인 성향을 가진 안드레에게 사랑의 예수님이 베푸시는 접근은, 잘못된 것이 아니라면 그가 원하는 것을 허락하시는 것입니다. 안드레는 하나님의 뜻에 따라 분명한 비전과 목표를 찾기 위해 고심하고 기도하고 매달리는 스타일입니다.

주님은 그의 기도에 응답하시는 사랑으로 접근합니다. 예수님을 만난 후 안드레는 기쁨과 확신을 갖게 됩니다. 그리고 적극적으로 예수님을 따르게 됩니다. 자기만 따르는 것이 아니라 적극적으로 자기 형제 베드로를 전도합니다.

두 번째, 베드로입니다. 베드로는 어떤 사람입니까? 베드로는 감정적이고 다혈질적이고 충동적이며, 위험을 벗어나고 살아남기 위해 비겁하게 배신까지 하는 치졸한 인생입니다. 그런데 주님은 그를 보자마자 뭐라고 말씀하십니까?

> 데리고 예수께로 오니 예수께서 보시고 이르시되 네가 요한의 아들 시몬이니 장차 게바라 하리라 하시니라(게바는 번역하면 베드로라)
> (요 1:42)

베드로는 '반석'이라는 뜻입니다. 주님은 베드로가 배신할 것을 아시지만, "장차 반석, 즉 베드로라고 해야겠다"고 말씀하십니다. 왜 예수님이 '반석'이라는 이름을 지어주셨을까요? 반석이 무엇입니까? 비바람이 몰아쳐도 흔들리지 않는 것이 반석입니다. 견고하고 확고한 태도를 상징합니다. 예수님에 대한 베드로의 사랑이 흔들릴 것을 아시고 그때마다 내가 너의 진실을 믿어준다는 확신을 주시는 것입니다.

사람들은 자신의 약한 모습이 드러날 때, 실수가 드러날 때, 스스로를 비난하고 정죄하고 넘어뜨리려고 합니다. 용서가 없고 수용이 없습니다. 그러나 예수님은 우리의 약함, 죄가 있는 것을 나보다 더 잘 아시지만 돌이키려 해도 또 넘어지고 쓰러지는 나의 진실, 가능성, 선한 마음을 믿어주십니다. 예수님의 이 믿음대로 베드로는 훗날 예수님을 위해 자신의 인생을 다 바쳐 순교의 길을 가게 됩니다.

세 번째, 빌립입니다. 빌립은 예수님이 그냥 길에서 "나를 따르라" 하셔서 그냥 쉽게 따라간 사람입니다. 그리고 단순히 예수님이 메시아이심을 믿었습니다. 쉽게 예수님을 믿습니다.

그가 자기 친구 나다나엘을 전도할 때 뭐라고 합니까? '모세가 율법에 기록한 그 사람, 요셉의 아들 나사렛 예수'라고 소개합니다. 예수님을 짧은 시간 만난 것 같은데 정확하게 알고 있습니다. 이런 모습을 볼 때 빌립은 쉽게 잘 믿는 사람입니다. 확인도 하지 않고, 권위자의 설명 없이도 잘 믿습니다. 그래서 예수님도 그에게 별 다른 말없이 그냥 "나를 따르라" 하신 것 같습니다.

하지만 쉽게 믿는 사람은 믿음이 깊지 못하다는 단점이 있습니다. 처음에 예수님을 따르는 것은 쉽지만 믿음이 성장하는 것은 쉽지 않았습니다. 빌립과 같은 스타일은 5년, 10년 예수님을 믿어도 신앙과 인격 성장이 더디고 변화가 느립니다. 그래서 예수님께서 빌립을 훈련시키십니다.

예수님이 요한복음 6장에서 오병이어의 기적을 행하시기 전에 빌립에게 질문하십니다.

> 예수께서 눈을 들어 큰 무리가 자기에게로 오는 것을 보시고 빌립에게 이르시되 우리가 어디서 떡을 사서 이 사람들을 먹이겠느냐 하시니 (요 6:5)

왜 굳이 빌립을 꼭 집어서 질문하셨을까요? 다른 제자들도 많이 있는데 말입니다. 게다가 제자들 중에 돈궤를 맡고 있는 사람은 가룟 유다였는데, 왜 빌립에게 물어보셨을까요?

> 이렇게 말씀하심은 친히 어떻게 하실지를 아시고 빌립을 시험하고자 하심이라 (요 6:6)

빌립을 훈련하고자 하심이었습니다. 그의 믿음이 도전을 받고 성장할 수 있는 기회를 주고자 하심이었습니다. 빌립이 예수님을 메시아라고 믿었지만 그 믿음이 온전하지는 못했던 것 같습니다. 요한복음 14장에 보면 빌립이 예수님께 아버지(성부 하나님)를 보여 달라고 합니다. 그러자 예수님은 "빌립아, 내가 이렇게 오래 너희와 함께 있지 않았니? 나를 본 것이 아버지를 본 것인데 아버지를 보여 달라니 무슨 말이냐?" 하십니다.

하지만 그의 궁금함을 무시하지 않으시고 믿을 수 있도록 찬찬히 설명해주십니다. 16절에서 "나와 아버지가 하나임이 안 믿어진다면 내가 행하는 일을 보고 믿으라"고 말씀하십니다.

주님은 처음에 쉽게 자기를 따르는 빌립을 그 상태로 내버려두지 않으십니다. 빌립의 믿음을 성장시키시려고 그를 위한 계획을 가지고 중간 중간 점검하시고 도와주십니다. 교회 전승에 의하면 훗날 빌립도 순교자가 되었다고 합니다.

예수님은 믿음이 약한 나, 잘 성장하지 못하는 나를 사랑하셔서 가장 적당한 때에, 가장 적합한 방법으로 나를 도우십니다. 이 예수님의 사랑의 손길을 믿으시길 축원합니다.

네 번째, 나다나엘입니다. 나다나엘은 빌립이 전도한 사람입니다. 빌립이 '나사렛 예수, 그가 메시아'라 말하자 '나사렛에서 무슨 선한 것이 날까'라고 의문과 회의를 갖습니다. 나사렛이란 동네는 아주 못 사는 동네, 깡촌인데 그런 촌구석에서 무슨 위대한 인물이 나오겠냐는 것입니다.

나다나엘은 의심이 많고 부정적이고 편견과 고정관념이 가득한 사람입니다. 이런 사람은 그 마음을 바꾸기가 쉽지 않습니다. 권위자의 말도 잘 믿지 않습니다. 눈으로 보고 확인해도 계속 의심합니다. 이렇게 부정적인 사람은 자기 자신에 대해서도 부정적입니다. 자기를 잘 믿지 않습니다. 자기 속에 선한 마음이 있다는 것도 잘 인정하지 않습니다. 자기에 대한 평가가 아주 부정적이며 낮습니다. 그래서 남도 잘 믿지 않습니다.

그런데 예수님께서 나다나엘을 보자마자 "이는 참으로 이스라엘 사람이라 그 속에 간사한 것이 없도다"라고 그를 칭찬하십니다. 부정

속에서 긍정을 발견해 주십니다. 부정을 치료하시기 위한 예수님의 방법이십니다. 나다나엘이 놀라서 "나를 어떻게 아십니까?" 물으니 "빌립이 너를 부르기 전에 무화과나무 아래에 있을 때에 보았다."라고 말씀하십니다. 이스라엘 백성들은 어린 아이들을 무화과나무 아래 요람을 만들어 키우곤 했습니다. 즉 이 말은 어릴 때부터 너를 알고 눈여겨보았다는 것입니다.

예수님이 이 말씀을 하실 때 빌립에게 하나님의 은혜가 임하여 예수님의 말씀이 믿어집니다. 그냥 감동이 됩니다. 더 이상 따지지 않습니다. 나다나엘이 뭐라고 고백합니까?

"당신은 하나님의 아들이시오, 이스라엘의 임금입니다."

예수님은 쓸모없는 인생을 사람 낚는 위대한 인생으로 변화시켜 주시기 위해 한 사람 한사람 사랑으로 소중하게 대하시며 정성으로 가르쳐 주십니다.

여러분, 사랑은 내가 주고 싶은 것을 주는 것이 아니라 상대방에게 필요한 것을 주는 것입니다. 하나님은 나에게 필요한 것을 나보다 더 잘 아십니다. 그러므로 내게 주신 것이 나를 위해 최고의 것임을 믿으십시오. 그리고 다른 사람에게 주신 것을 부러워하지 마십시오.

여러분 각자에게 다가오시는 예수님은 어떤 모습이십니까? 주님은 사랑을 주실 때 각자에게 맞는 방법으로 주십니다. 접근 방법이 다른 것입니다. 예수님의 제자 중에는 적극적인 사람, 배신하는 사람, 믿음이 성장하지 않는 사람, 부정적인 사람……. 별별 사람이 다 있었습니다. 예수님은 성향이 다른 제자들을 그들에게 맞게 각각 다른 방법으로 접근하셨습니다.

그들의 부족함을 아시지만 그들의 실패와 연약함에 집중하지 않으시고 가능성과 장점을 찾아주시고 확인시켜주시며 끝까지 믿어주십니다. 이 사랑이 제자들을 변화시키고 성장하게 했습니다.

창조주 하나님이 나를 가장 잘 아십니다. 그래서 나에게 맞게 나를 이끄십니다. 이렇게 생각하면 내 인생의 힘듦, 고난도 나를 축복하기 위한 도구이기에 감사합니다.

여러분에게 어떤 어려움이 있더라도 나를 축복으로 이끄시는 주님을 바라보고 그 사랑을 믿음으로 나가는 성도가 되시길 축원합니다.

사랑하면 행복해집니다

분노하시는 사랑
(요 2:13-17)

13. 유대인의 유월절이 가까운지라 예수께서 예루살렘으로 올라가셨더니
14. 성전 안에서 소와 양과 비둘기 파는 사람들과 돈 바꾸는 사람들이 앉아 있는 것을 보시고
15. 노끈으로 채찍을 만드사 양이나 소를 다 성전에서 내쫓으시고 돈 바꾸는 사람들의 돈을 쏟으시며 상을 엎으시고
16. 비둘기 파는 사람들에게 이르시되 이것을 여기서 가져가라 내 아버지의 집으로 장사하는 집을 만들지 말라 하시니
17. 제자들이 성경 말씀에 주의 전을 사모하는 열심이 나를 삼키리라 한 것을 기억하더라

여러분, 하나님이 여러분을 어떻게 생각하실까요? 상상해 보십시오. 하나님이 나를 어떻게 생각하실까요? 어떤 분은 하나님이 나를 좋아하실 것이라고 생각하는 분이 있을 것이고, 또 어떤 분은 하나님이 나한테 실망하실 것이라고 생각하는 분도 있습니다. 심지어 어떤 사람들은 하나님이 나를 미워하거나 분노하실 거라고 생각하는 분도 있을

것입니다.

오늘 읽은 본문을 보면 그런 생각이 들 법도 합니다. 유월절이 되면 세계 각처에 흩어져있던 유대인들이 하나님께 예배하기 위해 예루살렘으로 올라옵니다. 이들이 성전에 들어가려면 입장료를 내야 했습니다. 성전에 내는 돈은 거룩해야 된다고 하여 먼저 성전 안에서만 통용되는 별도의 성전 화폐를 사용하도록 했습니다. 이때 환전요금을 물리는 것입니다.

게다가 성전에서 유월절 제사를 드리기 원하는 사람은 짐승을 끌고 왔습니다. 가난한 사람들은 비둘기, 돈이 많은 사람들은 양이나 염소, 아니면 소를 끌고 왔습니다. 먼 지방에 있는 사람들은 그런 짐승을 끌고 여행하는 일이 대단히 번거롭고 힘들었을 것입니다. 설령 짐승을 끌고 온다 해도 성전에 들어오면 검역을 담당한 관리들이 온갖 트집을 잡으면서 통과시켜 주지 않습니다.

그래서 결국은 성전 안에서 비싼 값에 짐승을 사게 만들었습니다. 어떤 때는 정당한 값의 16배까지 받기도 했다고 하니 얼마나 잔인한 착취입니까? 이렇게 하여 자연스럽게 돈 바꾸는 환전소가 생기고, 제사드릴 짐승을 살 수 있는 거래소가 성전 안에 생겼던 것입니다.

예배를 드려야 할 거룩한 성전이 욕심을 채우는 시장 바닥이 되어 버린 것입니다. 여기에는 직접 돈을 버는 상인들이 있고, 그 배후에는 이들로부터 세금을 걷는 제사장, 대제사장이 있습니다. 이런 그들의 제도적 시스템이 오랜 세월을 통해 만들어진 것입니다.

주님은 이 제도나 관습이 잘못되었기에 바로 잡아야 한다고 생각하셨습니다. 우리 주님은 성전이 하나님을 예배하는 순수한 사랑의 공동체로 회복되도록 직면을 통하여 분노하는 사랑을 표현하십니다.

> 노끈으로 채찍을 만드사 양이나 소를 다 성전에서 내쫓으시고 돈 바꾸는 사람들의 돈을 쏟으시며 상을 엎으시고 비둘기 파는 사람들에게 이르시되 이것을 여기서 가져가라 내 아버지의 집으로 장사하는 집을 만들지 말라 하시니 (요 2:15-16)

하지만 주님이 이렇게 강하게 반응하시는 것을 일반인들의 입장에서 생각해보면 문제가 됩니다. 왜 그럴까요? 예수님이 화를 내시면 사람들이 예수님께 실망하며 싫어하게 됩니다. 예수님에 대해 편견을 가집니다. 예수님이 무서운 분이라고 오해합니다.

사람들은 이유 여하를 막론하고, 화내고 소리치면 싫어합니다. 그러나 예수님은 사람들이 하나님을 바르게 믿도록 돕고 싶은 마음이 가득했습니다. 사람들에게 오해받아도 정말 그들을 사랑하기 때문에 고쳐주기 위해 결심합니다.

하나님의 사랑, 건강한 사랑은 크게 두 종류로 나눠집니다. 부드러운 사랑과 강한 사랑입니다. 부드러운 사랑은 수용적 사랑, 돌봄, 공감이라 하고 강한 사랑은 직면적 사랑, 책망, 징계, 분노가 포함됩니다.

어떤 경우에 수용과 공감을 합니까? 잘못을 돌이킬 때는 더 이상

꾸중하거나 비난하지 않고 그냥 품어주면 됩니다. 이러한 사랑을 '돌아온 탕자'의 이야기에서 볼 수 있습니다. 탕자가 돌아올 때 온전한 마음으로 돌아오지 않는다 하더라도 돌이키는 그 마음 때문에 하나님이 마음껏 은혜 주십니다. 더 이상 다짐받고 확인할 필요가 없습니다. 따뜻하게 품어주면 됩니다.

그러면 어떤 경우에 직면, 혹은 책망하는 강한 사랑이 필요합니까? 무엇을 잘못하고 있는 줄 모를 때 알게 해줘야 합니다. 모르니까 계속 그 길로 가거나, 자신이 잘못하고 있는 것을 알면서도 자신과 다른 사람을 속일 때, 일깨워 주어야 합니다. 이때 강한 사랑으로 직면해야 합니다. 독약인 줄 모르고 독약을 먹고 있다면, 지금 먹고 있는 것이 독약이라고 강하게 알려주어야 하는 것입니다.

이러한 사랑을 '부자 청년의 이야기'에서 볼 수 있습니다. 부자 청년이 주님께 와서 어떻게 해야 영생을 얻을 수 있냐고 물었습니다. 그때 주님은 재산을 다 팔아서 가난한 자에게 나눠주고 나를 따르라 하셨습니다. 이것이 아픈 곳을 콕 찌르는 직면하는 사랑입니다.

이 청년은 돈을 숭배합니다. 돈이 우상입니다. 철저하게 '돈이 하나님'이라는 가치관으로 무장되어 있습니다. 사실 돈이 얼마나 중요합니까? 그러나 돈이 나를 구원하지 않고 돈이 나를 축복하지 않습니다. 오직 하나님만이 나를 구원하시고 나를 축복하십니다. 우상을 버리고 복된 인생이 되게 하시려는 강한 사랑의 직면을 하신 것입니다. 그러면 이 청년이 돈을 다 못 버려도 괜찮습니다. 그냥 자기모습 그대로 주님께 항복하면 됩니다. 이런 돌이킴의 축복을 위해 직면한 것입니다.

마찬가지로 지금 유대인들은 종교적 사기꾼에게 빠져서 독인 줄 모르고 서로 이익을 도모하고 있습니다. 하나님께 예배하는 집을 장사꾼의 소굴로, 탐심의 소굴로 만들었습니다. 이것은 분명히 잘못된 것입니다. 지금 성전이 온통 '돈 벌기 위한 잔치'가 되었습니다. 이런 분위기에서는 하나님이 기뻐하시는 예배가 불가능한 것입니다. 그러므로 지금 무엇이 '독인지 양식인지' 구분할 수 없는 사람들에게 분별력을 길러주어야 하는 것입니다.

지금 주님이 사람들에게 분노하는 사랑으로 접근하시는 것은 그들을 미워해서 그런 것이 아닙니다. 주님의 분노는 하나님의 사랑을 가르쳐 주어도 돌이키지 않는 지도자를 향한 분노입니다.

하지만 주님은 절제 있는 화를 내십니다. 본문에 나오는 세 동사 '내쫓으시고, 쏟으시며, 엎으시고'는 매우 격렬한 행위를 나타내는 것처럼 보입니다. 예수님은 짐승들을 단호하게 밖으로 몰아내셨고, 환전상들의 돈을 바닥에 던지셨고, 돈 바꾸는 상을 뒤집어엎었습니다.

그런데 가만히 보면 주님의 분노는 절제된 분노입니다. 주님이 폭력을 행사하거나 위협하거나 죽이신 것이 아닙니다. 우리 주님은 전능하신 하나님입니다. 말씀 한 마디로 온 우주를 심판할 수 있습니다. 하지만 그렇게 하지 않으십니다. 사랑의 예수님은 화를 내실 때도 아주

인격적으로 접근합니다.

보십시오. 짐승들만 성전 마당에서 조금 쫓아내십니다. 그리고 환전하는 사람들의 상을 뒤집어엎으셨습니다. 그러나 그들이 돈을 다시 주워 담을 수 있게 하셨습니다. 또 비둘기파는 사람들에게는 빨리 그것을 가지고 나가라고 소리쳤습니다. 만약에 주님께서 새장을 열어 전부 날려 버렸더라면 그들은 많은 손해를 보았을 것입니다. 그러나 그렇게 하지는 않으시고 가져가라고만 하셨습니다.

이것이 하나님의 사랑입니다. 죄는 미워하지만 죄인은 긍휼히 여기시며 용서하기를 기뻐하십니다. 그러나 악에서 보호하시기 위해 단호하게 잘못된 행동만 지적하시는 것입니다.

저도 우리 교회 공동체가 거룩한 하나님의 교회가 되도록 보호하고 섬겨야 할 책임이 있습니다. 성도와의 관계에서 '돈이나 이익을 도모하는 관계'를 하지 않도록 지도하는 것이 중요함을 깨닫게 되었습니다. 제가 악과 맞서주는 것이 성도와 교회를 사랑하는 것입니다. 제가 이렇게 강하게 말하면 어떤 분들은 싫어합니다. 그냥 다 이해해주고 따뜻하고 부드럽게 하라고 합니다. 그것이 사랑이라고 합니다.

아닙니다. 그건 사랑의 오해입니다. 평소에는 부드럽게 사랑해야 합니다. 중요한 문제에서는 돌이킬 때 부드럽게 품어주어야 합니다. 작은 실수, 허물은 덮어야 합니다. 그러나 순종하지 않으면 그가 돌이키도록 징계하는 것이 참사랑입니다. 하지만 강한 사랑을 한 후에 나시 부드러운 사랑으로 만져주어야 그 마음이 회복됩니다.

제 딸과의 관계를 이야기해보겠습니다. 저는 딸을 너무나 사랑합니다. 제 딸은 참 착하고 좋은 아이입니다. 신앙, 성격, 외모 다 훌륭합니다. 제 핸드폰의 바탕화면이 제 딸의 얼굴입니다. 이렇게 사랑스러운 딸도 성장과정에서 실수가 있고 잘못이 있습니다.

딸아이가 다섯 살 쯤에 오빠한테 자꾸 대듭니다. 형제들은 사랑의 경쟁을 하기 때문에 서로 싸우며 성장합니다. 그것은 건강하게 성장하고 있다는 증거입니다. 그래도 제가 보기에 동생이 잘못하고 있다고 판단됩니다. 아내가 타이르고 저도 몇 번 그러면 안 된다고 이야기하니까 그렇게 하지 않겠다고 약속해놓고 또 합니다.

그래서 고민하다가 따끔한 징계가 필요하다고 생각했습니다. 그리고 오빠한테 한 번 더 그러면 매를 맞기로 다짐을 받았습니다. 그런데 이 아이가 또 오빠한테 비인격적으로 대들었습니다. 그래서 마음이 아프지만 아이에게 매를 들기로 마음을 먹었습니다. 그리고 아이에게 매를 맞아야 할 이유에 대해 이야기하니까 자기도 수긍합니다. 고개를 끄덕끄덕 거립니다. 제가 몇 대 맞겠냐고 물어보니까 10대를 맞겠다고 합니다. 생각해보니 너무 많아 다섯 대만 맞으라고 했습니다.

여러분, 교정심리라는 것이 있습니다. 아이가 물건을 훔칠 때 쾌감이 100입니다. 물건을 사용하는 쾌감이 또 100입니다. 합하면 총 200

입니다. 엄마가 보니까 아이가 새로운 물건을 가지고 있어 추궁하니까 훔친 것입니다. 엄마가 야단치는 고통이 -50이면 그 고통을 제해도 쾌감이 150이 남습니다. 이 아이가 또 훔칠까요, 안 훔칠까요? 또 훔칩니다. 훔쳐서 재미 본 아이는 또 훔칩니다. 그래서 한 번 혼낼 때 따끔하게 혼내야 합니다. '이렇게 하면 재미가 없구나, 이익이 없구나.' 생각하도록 혼을 내야 합니다.

제가 교정심리를 아니까 매를 때릴 때 있는 힘을 다해서 때렸습니다. 제가 한 대만 때렸는데 그 순간 아이가 너무 충격을 받습니다. 사랑하는 아빠가 설마 그렇게까지 때리겠는가 편하게 생각한 것입니다. 순간 오줌을 싸고 웁니다. 그 모습을 보니 제가 더 때릴 수 없어서 우는 아이를 달랬습니다. 그리고 아내에게 또 달래라고 부탁했습니다.

그 다음부터 오빠에게 대들지는 않는데 아이가 저를 무서워하는 것입니다. 그러니 어떡합니까? 무서움의 감정을 풀어주어야 하는 겁니다. 아이를 불러서 미안하다고 했습니다. 아이가 괜찮다고 분명히 괜찮다고 하는데 다음에 보면 또 저를 피합니다. 그래서 제가 4번 사과했습니다. 나중에 딸의 감정이 회복되었습니다. 제가 잘못한 것이 없지만 그 아이를 위해, 저와 딸의 관계를 위해 제가 미안하다고 고백한 것입니다. 그 후 딸이 저를 더 좋아하며 따르게 되었습니다. 제가 여기에서 깨달은 것이 예수님의 사랑입니다.

예수님을 보십시오. 죄는 우리가 지었는데 결국 예수님이 죽습니다. 잘못은 내가 했는데 주님이 책임을 지고 죽으셨습니다.

이것이 하나님의 사랑입니다.

겸손히 엎드리면 하나님이 품어주시며 회복시켜 주십니다.

아들의 위치, 왕자와 공주의 위치로 축복하십니다.

늘 돌이키는 성도되시길 축원합니다.

사랑하면 행복해집니다

⑨ 치유하시는 사랑
(마 8:1-4)

1. 예수께서 산에서 내려 오시니 수많은 무리가 따르니라
2. 한 나병환자가 나아와 절하며 이르되 주여 원하시면 저를 깨끗하게 하실 수 있나이다 하거늘
3. 예수께서 손을 내밀어 그에게 대시며 이르시되 내가 원하노니 깨끗함을 받으라 하시니 즉시 그의 나병이 깨끗하여진지라
4. 예수께서 이르시되 삼가 아무에게도 이르지 말고 다만 가서 제사장에게 네 몸을 보이고 모세가 명한 예물을 드려 그들에게 입증하라 하시니라

오늘 본문 마태복음 8장 1절에 보면 '예수께서 산에서 내려 오시니' 라고 말씀합니다. 마태복음 5-7장은 그 유명한 산상수훈입니다. 예수님께서 산에서 사람들을 가르치시고 이제 산에서 내려오는 길입니다. 그때 예수님을 따르는 수많은 사람들이 있었습니다. 그런데 한 나병 환자가 예수님께 나와 소리칩니다.

"주여 원하시면 저를 깨끗하게 하실 수 있나이다"

이 나병환자는 예수님의 치유의 능력을 조금도 의심하지 않았습니다. 하지만 문제는 예수님이 나 같은 사람도 치유해주기를 원하시는지 확신하지 못했습니다. 다시 말해서 그는 예수님의 전능하심을 믿었지만 자신을 향한 특별한 사랑은 확실히 믿지 못했습니다.

우리 가운데 이런 분이 있을 것입니다. 하나님의 전능하심은 믿지만 나만을 향한 하나님의 사랑은 믿지 못할 수 있습니다. 하나님은 무엇이든 하실 수는 있지만 나를 위해 기꺼이 해주실지 확신이 없는 것입니다. 이런 분들은 주님의 능력으로 기적적인 치유를 경험한 사람들의 간증을 듣고 눈물을 흘리지만 정작 나의 질병에 대해서는 믿음으로 치유를 구하지 못하는 것입니다. 구해도 믿지 못합니다.

어떤 분이 주님의 은혜로 승진과 재정적인 복을 받았다는 간증을 듣고 감동을 받지만 하나님이 나에게는 그렇게 해 주실 리가 없다고 생각합니다. 마음에 낮은 자존감이 가득해서 '이렇게 하나님께 복을 받은 사람들은 도대체 무엇을 했기에 복을 받았을까?'에 관심이 많습니다. 그래서 뭔가를 더 해야 한다는 생각에 피곤하고 지치고 맙니다. 이들은 자신의 허물과 실수, 죄를 보면서 스스로 하나님의 복을 받을 자격이 없다고 생각합니다.

'하나님이 나 같은 사람에게 복을 주시겠어? 내가 한 짓이 있는데……. 나는 아무런 자격도 없어.'

이러한 죄의식에 사로잡혀서 하나님의 축복과 은혜를 기대하지 못합니다. 하나님이 나를 사랑하신다는 사실을 받아들이지 못하는 것입니다.

여러분, 우리가 예수님의 사랑을 잊어버리고 믿지 못하는 것은 사탄이 시험하기 때문입니다. 예수님이 세례를 받으신 직후 광야로 가서 마귀의 시험을 받으셨습니다. 마귀가 예수님께 다가와서 빈정거리면서 유혹을 합니다.

> 네가 만일 하나님의 아들이어든 명하여 이 돌들로 떡덩이가 되게 하라 (마 4:3)

여러분, 이 시험 직전에 무슨 일이 있었습니까? 예수님이 요단강에서 세례 요한에게 세례를 받으셨습니다. 그때 하늘에서 성령이 비둘기같이 임하고 소리가 들렸습니다.

> 하늘로부터 소리가 나기를 너는 내 사랑하는 아들이라 내가 너를 기뻐하노라 하시니라 (막 1:11)

"너는 내 사랑하는 아들이라"는 소리가 들렸습니다. 하나님이 사랑을 확인해주고 계십니다. 그런데 지금 사탄은 한 단어를 의도적으로 빠뜨렸습니다.

> 시험하는 자가 예수께 나아와서 이르되 네가 만일 하나님의 아들이어든 명하여 이 돌들로 떡덩이가 되게 하라 (마 4:3)

우리가 마가복음 1장 11절과 마태복음 4장 3절을 비교해 보면 빠진 것이 있습니다. 그게 뭘까요? '사랑하는' 이가 빠졌습니다. 이것이 사탄의 속임수입니다. 하나님은 예수님께 '너는 내 사랑하는 아들' 이라고 말씀하셨습니다. 그런데 마귀는 교묘하게 '사랑하는' 을 빼고 '네가 만일 하나님의 아들이어든' 이라고만 말했습니다. 마귀는 우리가 하나님의 사랑받는 자라는 사실을 자꾸만 잊어버리게 합니다. 그래야 자기가 성공하기 때문입니다.

우리가 하나님이 나를 사랑하신다는 사실을 확신하면 모든 문제가 다 풀립니다. 그렇기 때문에 사탄은 우리가 하나님의 사랑을 믿지 못하게 합니다. 어떻게든 우리의 눈을 가려 하나님의 사랑을 보지 못하도록 만들려고 애를 씁니다.

유대인들은 나병이 하나님의 진노로 생기는 병이라고 믿었습니다. 지금 이 나병환자는 하나님의 진노를 받고 벌을 받아 병이 생겼는데 어떻게 주님 앞에 나올 수 있겠습니까? 그러니 예수님이 나를 고쳐주려고 하실까 확신할 수 없는 것입니다. 그러나 이것은 사탄의 속임수입니다.

근신하라 깨어라 너희 대적 마귀가 우는 사자 같이 두루 다니며 삼킬 자를 찾나니 (벧전 5:8)

마귀가 우는 사자와 같이 으르렁거리며 우리에게 두려움을 줍니다. 그런데 마귀가 주려는 두려움은 어떤 것일까요? 하나님이 너희를 사랑하지 않고 버렸다는 것입니다. 그래서 너희들은 이제 내 밥이라는 것입니다. 그때 우리는 사탄의 말을 100% 믿고 하나님께 배신감을 느낍니다. 깊은 절망감을 느끼며 스스로 죽음의 길로 갑니다. 사탄의 정죄의 말을 믿기 전에 하나님께 확인해보십시오.

> 왕의 노함은 사자의 부르짖음 같고 그의 은택은 풀 위의 이슬 같
> 으니라 (잠 19:12)

여기서 왕은 예수님을 말합니다. 따라서 마귀가 사자처럼 울고 다니는 것은 우리 주님을 흉내 내는 것입니다. 실제 마귀는 사자가 아닙니다. 사자처럼 으르렁거릴 뿐입니다. 그리고 발을 보면 쇠사슬로 묶여 움직이지도 못합니다. 실제 사탄은 우리에게 아무런 해도 주지 못합니다. 다만 '으르렁' 거리는 소리만 지릅니다.

"하나님이 너를 사랑하지 않는다. 그래서 삶이 어렵다."

그것은 하나님이 우리에게 진노하신 것처럼 보이게 만들려는 사탄의 술책입니다. 그러나 하나님은 우리에게 쏟아야 할 진노를 예수님의 십자가에 모두 쏟으셨습니다. 이제 다시는 우리에게 진노하지 않으십니다. 하나님이 다시는 우리에게 진노하지 않으신다는 사실을 기억하십시오. 하나님은 진노하지 않겠다고 말씀만 하셔도 충분할 텐데 아예 맹세까지 하십니다.

> 이는 내게 노아의 홍수와 같도다 내가 다시는 노아의 홍수로 땅
> 위에 범람하지 못하게 하리라 맹세한 것 같이 내가 네게 노하지
> 아니하며 너를 책망하지 아니하기로 맹세하였노니 산들이 떠나
> 며 언덕들은 옮겨질지라도 나의 자비는 네게서 떠나지 아니하며
> 나의 화평의 언약은 흔들리지 아니하리라 너를 긍휼히 여기시는

여호와께서 말씀하셨느니라 (사 54:9-10)

하나님이 왜 다시는 우리에게 진노하지 않으실까요? 그것은 그리스도께서 우리를 위해 이루신 일 때문입니다. 십자가 위에서 하나님은 독생자 예수님의 몸에 모든 진노를 쏟아 내셨습니다. 예수님은 우리의 모든 죄에 대한 하나님의 불같은 진노를 한 몸에 다 받아 내신 뒤에 선포하셨습니다.

다 이루었다 (요 19:30)

이로써 우리 죄에 대한 형벌이 다 끝났기 때문에 거룩하고 공의로운 하나님이 예수님의 십자가 사역을 믿는 자에 대해서는 더 이상 벌하지 않는 것입니다. 믿으십니까? 이제 그리스도의 의가 우리의 의가 되었습니다. 이제 우리는 하나님께 사랑을 받고 그분의 기뻐하심을 입은 자입니다. 그 주님은 당연히 내가 잘 되기를 원하십니다. 내가 낫기를 바라십니다.

예수께서 손을 내밀어 그에게 대시며 이르시되 내가 원하노니 깨끗함을 받으라 하시니 즉시 그의 나병이 깨끗하여진지라 (마 8:3)

예수님이 이 나병환자를 불쌍히 여기셨습니다. 그의 육체의 질병도 불쌍히 여기셨지만, 그 마음의 깊은 질병도 불쌍히 여기셨습니다. 사람들에게 버림받고 상처받아서 하나님의 사랑도 믿지 못하는 그 깊은 절망을 마음 아파하셨습니다. 그래서 그의 몸에 손을 대시며 그를 고쳐주십니다. 예수님은 치유하실 때마다 환자를 만지지 않으셨습니다. 때로는 단순히 말씀만으로도 병이 나았습니다.

하지만 이번에는 손을 내밀어 나병환자를 부드럽게 어루만지셨습니다. 예수님의 따뜻한 손길은 나병환자의 몸의 상처만 고치신 것이 아니라 마음 깊은 곳에 있는 상처를 치유하셨습니다. 나병은 전염성이 강하기 때문에 나병환자가 정상인과 접촉하는 것이 법으로 금지되어 있었습니다. 심지어 가족조차도 오랫동안 그 나병환자를 만지지 않았을 것입니다. 뿐만 아니라 옆에 있으려고 하지도 않습니다. 그의 몸에는 살이 썩는 냄새가 진동하고 얼굴은 구토를 자아낼 만큼 추했을 것입니다.

하지만 예수님은 전혀 거리낌 없이 그의 몸을 따뜻하게 만지십니다. 아마도 그가 나병에 걸린 뒤로 처음 느끼는 인간의 접촉이었을 것입니다. 성경은 그 즉시 그의 나병이 깨끗해졌다고 말씀합니다.

예수님은 어제나 오늘이나 영원토록 동일한 사랑으로 우리에게 다가오십니다. 우리가 어떤 기적을 원하든, 어떤 축복을 원하든 주님은 '내가 원하노니' 라고 말씀하십니다. 이제 우리를 향한 주님의 사랑을 더 이상 의심하지 마십시오. '내가 자격이 있는가!'라는 사탄이 주는 생각을 버리시길 축원합니다. 오직 나를 향한 주님의 사랑과 은혜에 푹 빠지는 성도가 되시길 축원합니다.

어떤 교인 한 명이 갑자기 교회에 나오지 않습니다. 목사님이 심방 가서 그 이유를 묻자 그가 가정 문제로 하루하루 술로 버텨 왔노라 솔직하게 고백합니다. 그리고 한숨을 푹 쉬며 이렇게 말합니다.

"집안이 좀 정리되면 교회에 다시 나갈게요."

그러자 목사님은 웃으며 이렇게 되물었습니다.

"혹시 몸을 다 씻고 욕조에 들어가십니까?"

교인이 어리둥절한 표정을 지으니까 목사님이 다시 설명을 하십니다.

"있는 모습 그대로 주님께로 오세요. 주님이 욕조입니다. 주님이 당신을 깨끗하게 씻어 주실 겁니다. 주님이 당신의 헝클어진 삶을 정돈시켜주시고 모든 중독의 사슬을 끊어주실 것입니다. 욕조에 들어가기 전에 자기 힘으로 때를 밀려고 애쓰지 마세요."

이분의 마음속에 목사님의 말씀 한마디가 꽉 박혔습니다.

"아, 주님이 나의 욕조이시구나."

이분이 다시 마음을 돌이켜 교회에 나오기 시작했습니다. 점점 그 인격이 변하기 시작했습니다.

종종 자기 상황이 깔끔하게 정리되면 그때 더 열심히 신앙생활 하겠다고 말하는 사람들이 있습니다. 아닙니다. 지저분한 채로 오세요. 문제 있는 채로 오세요. 우리는 오직 예수 그리스도의 보혈로 거룩해지고 의로워지고 깨끗해집니다. 우리가 자격을 얻는 길은 '주님의 십자가 사랑'뿐입니다. 그 외에 다른 길은 없습니다. 그러니 먼저 깨끗해진 다음에 주님을 찾아가겠다고 고집을 부리지 마십시오. 나의 흠과 약점, 중독이 있는 채로 주님께로 가는 것만이 살 길입니다.

하나님은 나를 있는 모습 그대로 사랑하십니다. 그리고 동시에 나를 너무 사랑하셔서 우리를 이 모습 그대로 놔두지 않으십니다. 주님께로 가면 주님이 우리의 '욕조'가 되어주십니다. 주님이 우리를 눈보다 더 희게 씻어 주십니다.

하나님의 사랑을 조금도 의심하지 마십시오.
어떤 문제이든 치유하시고 해결해 주십니다.
주님의 사랑의 욕조 속으로 뛰어들어 하나님의 품에 안기십시오.
하나님의 치유의 손길로 모든 문제가 해결되시길 축원합니다.

2부 하나님의 사랑을 어떻게 알 수 있나?

신수명목사 사랑선교집

사랑하면
행복해집니다

하나님의 사랑을 믿기로 선택하라
(요 6:60-69)

60. 제자 중 여럿이 듣고 말하되 이 말씀은 어렵도다 누가 들을 수 있느냐 한대

61. 예수께서 스스로 제자들이 이 말씀에 대하여 수군거리는 줄 아시고 이르시되 이 말이 너희에게 걸림이 되느냐

62. 그러면 너희는 인자가 이전에 있던 곳으로 올라가는 것을 본다면 어떻게 하겠느냐

63. 살리는 것은 영이니 육은 무익하니라 내가 너희에게 이른 말은 영이요 생명이라

64. 그러나 너희 중에 믿지 아니하는 자들이 있느니라 하시니 이는 예수께서 믿지 아니하는 자들이 누구며 자기를 팔 자가 누구인지 처음부터 아심이러라

65. 또 이르시되 그러므로 전에 너희에게 말하기를 내 아버지께서 오게 하여 주지 아니하시면 누구든지 내게 올 수 없다 하였노라 하시니라

66. 그때부터 그의 제자 중에서 많은 사람이 떠나가고 다시 그와 함께 다니지 아니하더라

67. 예수께서 열두 제자에게 이르시되 너희도 가려느냐

68. 시몬 베드로가 대답하되 주여 영생의 말씀이 주께 있사오니 우리가 누구에게로 가오리이까

69. 우리가 주는 하나님의 거룩하신 자이신 줄 믿고 알았사옵나이다

요한복음 6장의 주요 사건은 오병이어 사건입니다. 주님께서 보리 떡 다섯 개와 물고기 두 마리로 어린 아이와 부녀자를 포함하여 최소한 2만 명 이상을 배불리 먹이시는 오병이어의 대역사를 행하셨습니다. 현장에서 그 사건을 직접 본 사람들은 얼마나 감동이 되었겠습니까? 자기들 눈으로 직접 그 광경을 보고 떡을 먹는 경험을 했으니 정말 놀라운 경험이었을 것입니다. 그들은 기적을 베푸시는 주님을 억지로 자신들의 왕으로 세우려 하였습니다.

그러나 주님께서는 그들의 요청을 거절하신 뒤 홀로 산에 오르시어 기도하셨습니다. 그리고 그날 밤 폭풍 속에서 죽어 가는 제자들을 구원하시고 제자들과 함께 가버나움으로 건너가셨습니다.

오병이어의 기적을 체험한 사람들은 주님을 포기하지 않았습니다. 이튿날 아침 그들은 주님을 찾아 바다 건너 가버나움까지 좇아왔습니다. 아마도 5시간 이상 걸어갔을 것으로 추측이 됩니다. 주님께서는 그들을 회당에 모으시고 말씀하셨습니다. 그런데 그들은 주님의 말씀이 끝나기가 무섭게 주님을 떠나고 말았습니다. 그리고 다시는 돌아오지 않았습니다.

> 그때부터 그의 제자 중에서 많은 사람이 떠나가고 다시 그와 함께 다니지 아니하더라 (요 6:66)

바다를 건너서 멀리까지 주님을 찾아왔던 그들이 왜 그렇게 미련 없이 주님께 등을 돌리고 말았을까요? 그들은 오병이어의 대역사를 행하신 주님의 능력을 이용하여 자신의 욕망을 채우기 원했습니다.

예나 지금이나 사람은 늘 자기 욕망대로 예수님과 교회와 성도를 이용하려는 사람이 많습니다. 그래서 교회와 성도를 파괴하려는 것입니다. 그런데 예수님은 이런 욕망을 버리고 영적인 사람, 영적인 존재가 될 것을 강조하신 것입니다. 관심과 생각이 내 중심에서 하나님 중심으로, 먹고 마시는 육의 문제에서 영의 문제로 관심을 돌릴 것을 권면하신 것입니다.

이런 예수님은 그들이 기대하던 분이 아니었습니다. 오히려 모든 능력을 쓰지 않는 무능한 사람입니다. 그들이 사람을 잘못 본 것이었습니다. 그러므로 그들이 주님을 떠난 뒤 다시는 되돌아오지 않았다는 것은 당연한 결과인 것입니다.

그들은 잘 먹고 잘 살고 출세하며, 육신적이고 세속적이며, 물질적인 것만을 바라보며 주님을 따랐습니다. 그런데 주님은 이런 것은 안중에도 없으시고 하늘나라에 대해서만 말씀하십니다. 더 이상 예수님을 따라다녀봤자 육신적으로 별 이익이 없을 것으로 생각되었던 것입니다.

이 지점에서 사탄의 시험과 유혹이 강력해집니다.

"예수를 버려라, 신앙을 포기해라. 네가 예수 믿어봤자 돈을 버냐, 성공이 따라오냐, 너는 쓸데없는 일을 하는 것이다."

사탄은 하나님에 대한 사랑과 비전을 잃어버리게 만듭니다.

성도 여러분, 사탄이 주는 이 시험을 넘어야 합니다. 그 유혹을 넘어야 예수님과 함께 영적, 육적으로 행복하고 성공하며 부유해집니다.

어떻게 유혹을 극복합니까? 하나님의 사랑을 순수하게 믿는 것입니다. 하나님께 사랑을 입고 복을 받으려면 순수한 믿음이 필요합니다. 자신의 욕망을 좇아 밀물처럼 몰려왔던 사람들이 예수님을 떠났습니다. 이제 다 떠나고 열두 명의 제자들만 남았습니다. 예수님께서 열두 제자에게 묻습니다.

> 너희도 가려느냐 (요 6:67)

정곡을 찌르는 주님의 핵심 질문에 베드로가 자신 있게 대답하였습니다.

> 시몬 베드로가 대답하되 주여 영생의 말씀이 주께 있사오니 우리가 누구에게로 가오리이까 우리가 주는 하나님의 거룩하신 자이신 줄 믿고 알았사옵나이다 (요 6:68-69)

여기에 중요한 원리가 있습니다. 69절을 보십시오. 믿는 것과 아는 것 중에서 뭐가 먼저입니까? 믿음이 먼저입니다. 믿음을 선택하는 것입니다. 베드로와 제자들은 육적으로 성공하고 싶어서 예수님을 따라다닙니다. 그러나 지금 이 순간 그 모든 육적 욕망을 버리고 하나님의 사랑을 선택합니다. 이 선택이 얼마나 중요합니까?

어떤 목사님이 한 여집사님을 만나 지나온 삶의 이야기를 듣게 되었습니다. 집사님의 아버지는 그녀가 13살 때 자살을 했고, 오빠는 교통사고로 목숨을 잃었습니다. 그리고 6개월 전에는 남편이 집을 나가 버렸습니다. 그래서 그녀는 지금 어린 두 아이를 데리고 어머니와 함께 살고 있다고 했습니다.

이야기를 들은 목사님은 너무 마음이 아파서 울고 싶었습니다. 그러나 집사님은 오히려 활기차고, 상냥하게 미소 짓고 있었습니다. 집사님이 자신의 슬픔을 감추고 있다고 생각한 목사님은 "남편에게 버림받았다는 느낌이 들겠군요."라고 말했습니다. 그러자 집사님은 이렇게 대답했습니다.

"처음에는 그랬어요. 그런데 남편이 제게서 달아난 것이 아니라 자신에게서 달아나고 있다는 것을 알게 되었어요. 아주 불행한 사람이에요. 결혼 생활이 자기를 행복하게 만들어 줄 수 있을 거라고 생각했던 것 같아요. 그렇지만 우리를 정말 행복하게 하시는 분은 하나님 한 분뿐이잖아요."

목사님은 그녀가 현실적인 감각이 없이 자신의 고통을 너무 영적으로만 보는 것 같아 다시 물었습니다.

"아버지와 오빠가 세상을 떠났고, 남편도 가정을 버리고 떠나는 이런 힘든 일들을 겪고도 어떻게 그런 강한 믿음을 가질 수 있나요?"

"무슨 일이 일어난다 해도 하나님이 저를 사랑하시고 저와 함께하신다는 것을 알기 때문이에요."

"그것을 어떻게 확신할 수 있지요?"

"아침마다 저는 하루를 하나님께 맡기고 저를 인도해주시기를 기도해요. 성경을 한 장 읽은 다음 하나님이 제게 하시는 사랑의 말씀에 귀를 기울이죠. 하나님과 저는 아주 친밀해요. 제가 하나님의 사랑 안에 있어야만 살아갈 수 있으니까요."

참 감동적인 이야기입니다. 하지만 별로 마음에 와 닿지 않는 분도 있을 것입니다. 나와 너무 다른 이야기라고 생각할 수 있습니다.

"육적 형통이 없는데 어떻게 하나님만으로 감사가 가능할까? 그렇게 힘든 삶 속에서도 하나님께 감사할 수 있을까?"

의심이 됩니다. '정말 그럴까?' 공감이 안 될 수 있습니다.

여러분, 여기서 제가 여러분께 도전하려고 합니다. 하나님이 사랑을 믿게 해주실 때까지 기다리고 있으면 결코 감동이 없고 기적도 없습니다. 어떤 분들은 하나님이 강력한 사랑의 증거를 주시면 잘 믿겠다고 말합니다.

그러나 내가 먼저 하나님의 사랑을 믿어야 합니다. 내가 먼저 믿음을 선택해야 합니다. 하나님의 사랑을 먼저 믿으면 그 다음에 그 사랑에 대해 구체적으로 알게 됩니다.

우리가 주는 하나님의 거룩하신 자이신 줄 믿고 알았사옵나이다

(요 6:69)

우리가 하나님의 사랑을 경험하고 누리려면 그 사랑을 믿어야 합

니다. 어떤 분들은 하나님의 사랑에 대해 설교한다고 하니까 '어디 나를 한번 하나님의 사랑으로 감동시켜봐라. 그러면 내가 믿겠다.'는 분이 있는 것 같습니다. 이런 자세를 가지고는 하나님의 사랑을 경험할수 없습니다.

왜 그럴까요? 사랑을 요구하는 심리를 가지게 되면 마음에 구멍이 뚫립니다. 아무리 사랑을 보여주고 사랑의 감동을 주어도 마음에 구멍이 뚫리면 다 흘리고 남는 것이 없습니다.

나는 가만히 있으면서 '당신이 나를 믿게 해보시오.'라는 생각을 가지고 있는 한 그 수준을 벗어나기 어렵습니다. 사랑을 믿기로 선택하고 결단하면 그 다음부터 사랑을 알게 됩니다. 하나님의 사랑으로 인해 형통하고 행복하게 됩니다.

우리의 부부관계가 어려운 이유가 바로 이것입니다.

"당신이 먼저 나를 사랑으로 감동시켜봐라. 그러면 내가 당신의 사랑을 믿겠다."

이런 태도와 마음 자세를 가지고 상대방과 관계하면 절대로 사랑의 채움이나 감동이 없고, 사랑이 확인될 수 없습니다.

사랑에는 믿음이 먼저입니다. 먼저 믿기로 선택해야 합니다. 먼저 결단해야 합니다. 그런 다음에 사랑이 알아지게 되는 것입니다. 사랑이 눈에 보이고 비로소 사랑을 경험하는 축복을 얻게 됩니다. 그래서 더 믿어지는 것입니다.

어떤 집사님이 자기 아버지의 묘를 이장하는데 목사님께 함께 해 달라고 요청했습니다. 인부들이 무덤을 파서 관을 꺼냈습니다. 관 뚜껑을 열자 시커멓게 썩어 있는 수의와 시신을 휘감고 있는 나무뿌리들이 보였습니다.

정말 견디기 어려웠던 것은 지독한 악취보다도, 새까맣게 시신을 뒤덮고 있는 무수한 벌레들이었습니다. 구름이 잔뜩 낀 흐린 날씨에 시체 썩는 악취가 진동합니다. 인부들이 몇 차례나 구토를 하면서 이리저리 벌레를 쫓아내다가 마침내 포기하고 말았습니다. 돈도 좋지만 더 이상은 못 하겠다는 것입니다.

할 수 없이 상주가 나서자 목사님도 팔을 걷어붙이고 벌레를 쫓아내기 시작했습니다. 그러나 아무리 애를 써도 벌레들은 시체에서 떨어지지 않았습니다. 바로 그 순간, 구름이 물러가고 태양빛이 환하게 비추자 그 많던 벌레들이 모두 다 도망가 버리고 말았습니다.

하나님의 사랑을 믿지 않으려 할 때 불신의 이유들을 하나하나 해결하려하는 것은 시신에 뒤덮여 있던 벌레들을 떼어내는 것처럼 너무 어렵습니다. 그러나 하나님을 믿기로 선택하면, 구름이 걷히고 하나님의 사랑의 빛이 우리 심령을 비추어서 불신의 벌레 떼를 한 번에 해결할 수 있는 것입니다.

먼저 믿으면 알게 됩니다. 깨닫게 됩니다.

하나님의 사랑의 풍성함을 누리게 됩니다.

오 하나님, 어떤 일이 있어도 믿음을 선택하겠습니다.

하나님의 사랑을 믿기로 선택하겠습니다.

여러분의 삶 속에 사랑을 선택하는 믿음의 결단이 있기를 축원합니다.

사랑하면 행복해집니다

② 두려워하지 말고 믿기만 하라
(막 5:35-43)

35. 아직 예수께서 말씀하실 때에 회당장의 집에서 사람들이 와서 회당장에게 이르되 당신의 딸이 죽었나이다 어찌하여 선생을 더 괴롭게 하나이까

36. 예수께서 그 하는 말을 곁에서 들으시고 회당장에게 이르시되 두려워하지 말고 믿기만 하라 하시고

37. 베드로와 야고보와 야고보의 형제 요한 외에 아무도 따라옴을 허락하지 아니하시고

38. 회당장의 집에 함께 가사 떠드는 것과 사람들이 울며 심히 통곡함을 보시고

39. 들어가서 그들에게 이르시되 너희가 어찌하여 떠들며 우느냐 이 아이가 죽은 것이 아니라 잔다 하시니

40. 그들이 비웃더라 예수께서 그들을 다 내보내신 후에 아이의 부모와 또 자기와 함께 한 자들을 데리시고 아이 있는 곳에 들어가사

41. 그 아이의 손을 잡고 이르시되 달리다굼 하시니 번역하면 곧 내가 네게 말하노니 소녀야 일어나라 하심이라

42. 소녀가 곧 일어나서 걸으니 나이가 열두 살이라 사람들이 곧 크게 놀라고 놀라거늘

43. 예수께서 이 일을 아무도 알지 못하게 하라고 그들을 많이 경계하시고 이에 소녀에게 먹을 것을 주라 하시니라

오늘 본문에는 두려움 때문에 주님 앞에 나온 한 사람이 있습니다. 그는 자기 나름대로 두려움을 해결하기 위해 몸부림쳤습니다. 그러나 자기 힘과 자신의 노력으로 문제를 해결할 수 없어서 주님 앞에 나왔습니다. 그래서 그는 주 앞에 나와 무릎을 꿇고 주님께 요청했습니다.

"나를 도와주십시오."

바로 그 사람이 회당장 야이로였습니다. 이 사람의 문제는 딸이 열두 살인데 불치의 병으로 죽어가고 있는 것이었습니다. 딸을 사랑하는 아버지가 자기 눈앞에서 딸이 죽어 가는 것을 보니 그 고통과 아픔이 얼마나 크겠습니까? 그가 이 딸을 살리기 위해 무슨 짓인들 하지 않겠습니까?

주님은 야이로를 불쌍히 여기시고 그의 요청을 수락하셔서 그와 함께 동행하셨습니다. 우리는 주님의 모습 속에서 큰 위로를 얻게 됩니다. 야이로의 아픔을 외면하지 않으시고 고치시는 주님을 보며 나의 아픔과 고통도 고쳐주실 거라는 믿음이 생깁니다. 모든 인생의 짐, 두려움, 공포를 예수 그리스도 앞에 가지고 나오면 됩니다.

우리가 본문을 볼 때도 기쁜데, 야이로가 얼마나 기뻤겠습니까? 이제야말로 모든 문제가 다 사라지겠구나 하는 행복을 안고 주님과 함께 걷고 있습니다.

그런데 성경은 우리가 예수님과 함께 동행한다고 해서 우리의 삶에 고난이 없다고 말씀하지는 않습니다. 예수님과 함께 하는 삶의 과정에도 어려움도 있고 아픔도 있음을 보여줍니다. 주님의 목적은 나를 변화시키는 것입니다. 성숙한 성도가 되게 하시는 것입니다.

야이로는 '이제 모든 문제가 해결되었구나.' 안심하고 예수님과 함께 걷고 있는데, 뜻하지 않은 상황을 만나게 됩니다. 그것은 혈루병 여인이 갑자기 개입한 것입니다. 이 여인이 '예수의 옷자락만 만져도 병이 낫겠다.'는 믿음으로 예수님의 옷자락을 만졌고 그 결과 병이 나았습니다.

그러자 주님이 물으십니다.

"누가 내 옷에 손을 대었느냐?"

왜 이런 질문을 하셨을까요? 그것은 여인의 고백이 필요하고 구원의 선포가 필요하기 때문입니다. 주님은 야이로와 함께 길을 걷다가 갑자기 혈루병을 가진 여인의 삶에 관심을 가지십니다.

야이로 편에서 보면 이 여인 때문에 주님과의 동행에 갑자기 큰 방해가 생기게 되었습니다. 야이로의 마음이 얼마나 초조하고 답답하겠습니까?

'지금 빨리 가야되는데, 내 딸은 지금 죽고 있는데, 빨리 가야 하는데……'

주님은 야이로의 마음과 상관없이 혈루증을 앓고 있는 그녀에게 관심을 가지시며, 그녀를 바라보고 계십니다. 야이로는 너무나 답답하고 갑자기 화가 나며 짜증이 생깁니다. 피가 마릅니다. 야이로는 이 여인이 미워 견딜 수 없습니다.

우리의 삶에도 이럴 때가 있습니다. 나는 급한데 하나님은 급하지 않습니다. 그때 우리는 마음이 너무 힘듭니다. 우리의 삶에 이러한 순간이 다가올 때 그 순간 아무리 기도해도 주님은 내 기도에 응답하지 않을 때가 있습니다. 주님은 나와 상관이 없는 먼 곳에 계신 분으로 여겨집니다.

무엇 때문입니까? 주님이 왜 갑자기 걸음을 멈추었습니까? 주님은 야이로의 믿음을 훈련하셔서 바르게 세우고 싶으셨기 때문입니다. 바로 그때 회당장은 아주 충격적인 소리를 듣습니다.

> 아직 예수께서 말씀하실 때에 회당장의 집에서 사람들이 와서 회당장에게 이르되 당신의 딸이 죽었나이다 어찌하여 선생을 더 괴롭게 하나이까 (막 5:35)

35절을 보면 '회당장의 집에서 사람들이 와서 회당장에게 이르되 당신의 딸이 죽었나이다. 어찌하여 선생을 더 괴롭게 하나이까?'라고 말하고 있는데 이것은 이제 모든 상황이 끝났다는 것입니다.

아무리 능력이 많은 예수님이라 할지라도 결국 딸이 죽었으니, 상황이 끝났으니, 더 이상 붙잡지 말라는 것입니다. 이제는 장례를 준비하라는 것입니다. 그 마음에 충격과 깊은 낙심, 분노가 일어납니다.

사람이 갑자기 어려운 일을 만나면 처음에는 자기를 탓합니다.

'이 모든 게 다 나 때문이야, 내가 강제로라도 예수님을 모시고 가야 했는데, 내가 너무 정이 많아서 저 여인을 허용한 것이 잘못된 것은 아닐까?'

자기를 탓하게 됩니다.

조금 더 지나면 남을 탓하며 원망하게 됩니다.

'이 모든 것은 다 주님 때문이야. 아니 그 여인은 조금 더 있다가 살려 주어도 되잖아. 조금 있다가 고쳐주어도 그 여자는 급하지 않잖아. 그냥 모른 척 하고 지나가도 되잖아.'

혈루병 걸린 그 여자가 얼마나 밉고, 화와 분노가 얼마나 크겠습니까?

원망하다보면 하나님, 가족, 모든 사람들을 원망하게 됩니다. 바로 그 순간에 야이로는 새로운 선택을 해야만 합니다. 계속 원망하면서 자기 삶을 슬픔과 부정 속으로 던져 넣을 것인지, 아니면 원망스러운 마음을 회개하고 주님을 더욱 더 의지할 것인지.

둘 중의 하나를 선택할 기로에 놓이게 되었습니다. 바로 그때 사탄은 '네 인생과 네 삶을 포기하라고, 죽으라'고 속삭입니다.

여러분, 이 슬픔 가운데서, 이 어려움 가운데서, 이 분노 가운데서, 주님은 우리에게 무엇을 원하고 계십니까? 바로 적극적인 믿음입니다. 내 상황은 절망인데 주님은 나에게 적극적인 믿음을 원하십니다.

주님께서 뭐라고 말씀하십니까?

두려워하지 말고 믿기만 하라 (막 5:36)

우리의 삶에 위기가 생기면 우리가 꼭 기억해야 할 것이 있습니다. 그것은 '사랑의 하나님께서 나를 사랑하시고 축복주시기 위해서 이 사건을 일으키신 것이다.'라는 생각입니다. '주님이 나에게 무엇을 주고 싶어 하실까?'

이것을 기억해야 합니다. 바로 여기에 믿음의 자리가 있습니다.

여러분 믿음이란 무엇입니까? 믿음이란 어떤 경우에도 하나님의 사랑을 신뢰하는 것입니다. 하나님을 향하여 절대적인 확신, 흔들림이 없는 분명한 마음, 이것이 믿음입니다.

주님의 격려와 말씀 때문에 야이로는 다시 한 번 주님을 믿고 신뢰하게 되었습니다. 그는 자기 연민에 빠지거나 자기 감정 때문에 예수님을 등지지 않았습니다. 이 얼마나 큰 믿음입니까?

야이로는 주님에 대한 믿음과 신뢰 때문에 용기를 가지고 다시 일어섰습니다.

반면에 야이로의 주변은 어떻습니까? 야이로의 주변은 야이로보다 더 불신이 크고 더 부정적입니다. 목숨 걸고 반대합니다.

예수님이 뭐라고 말씀하십니까? "네 딸이 죽은 것이 아니라 잔다."고 말씀하시니까 주변 사람들이 다 예수님을 비웃었습니다.

나의 믿음을 비웃는 상황 속에서도 믿음을 가지고 주 앞에 나올 수 있을까요? 바로 이것이 믿음의 훈련입니다. 하나님은 야이로의 승리가 값지게 하기 위해서 병에 걸려 죽어가는 딸을 살리는 것보다는 죽었던 딸을 살리는 쪽을 택하셨습니다. 주님은 더욱 더 분명한 구원을 주기 위해서 완전히 망하고 난 다음에 우리를 구원하는 쪽을 선택하십니다.

왜 그렇습니까? 그래야 내 능력으로 구원받은 것이 아니라 하나님의 능력으로 내가 구원받았다고 고백하도록 하기 위해서입니다. 주님은 우리에게 온전한 믿음을 원하십니다. 하나님은 내 삶의 행복을 위해 주일을 지키라고 하십니다. 주님은 우리를 축복하기 위해 약속대로 십일조를 하라고 요구하십니다.

하나님은 우리의 삶을 형통케 하십니다. 당신의 아들을 죽여 우리를 축복하고 싶은 분이 하나님이신데 왜 내 생애와 삶을 위로하고 축복하시지 않겠습니까? 그분을 믿으십시오. 큰 믿음을 가지십시오.

우리가 주님을 절대적으로 의지하면 기적의 삶이 일상적인 삶이 됩니다. 그것이 성도의 삶입니다. 하지만 하나님의 간섭이 없는 삶은 우리가 주님을 의지하지 않기 때문에 우리의 삶에 아무런 축복과 능력이 나타나지 않는 것입니다.

야이로는 자신의 요청에 응답해주신 사랑의 주님을 마지막 순간까지 의지합니다. 그리고 마침내 하나님께서 자기의 딸을 죽은 자 가운데서 살려내시는 것을 보았습니다. 나의 삶에 죽은 것 같은 영역 속에서도 내가 주님의 사랑을 믿음으로 순종한다면 다시 살아나는 놀라운 축복이 임하게 됩니다.

여러분 말씀을 믿으십니까?

하나님을 믿고 의지하십니까?

그렇다면 여러분의 생애를 그분께 맡기십시오.

하나님은 죽은 하나님이 아니고 살아계신 하나님이십니다.

두려움 가운데서도, 힘든 상황에서도 그 하나님을 믿으십시오.

그러면 예수님 때문에 삶의 기적, 부활의 기적을 체험하시게 될 것입니다.

여러분에게 그런 담대한 믿음, 살아있는 믿음이 있길 축원합니다.

3

오직 하나님만 의지하라
(요 2:23-25)

23. 유월절에 예수께서 예루살렘에 계시니 많은 사람이 그의 행하시는 표적을 보고 그의 이름을 믿었으나
24. 예수는 그의 몸을 그들에게 의탁하지 아니하셨으니 이는 친히 모든 사람을 아심이요
25. 또 사람에 대하여 누구의 증언도 받으실 필요가 없었으니 이는 그가 친히 사람의 속에 있는 것을 아셨음이니라

우리가 예수님의 행적을 추적하다 보면 오늘 본문은 그냥 지나치기 쉬운 내용입니다. 그러나 이 말씀은 하나님의 인격적인 사랑이 어떤 것인지 아주 잘 보여주는 말씀입니다. 수많은 사람들이 예수님의 표적을 보고 예수님을 믿었습니다. 예수님 주변에 있는 수많은 사람들이 예수님과 관계를 맺고 싶었습니다.

그런데 예수님은 자기를 믿는 유대인들에게 자기 몸을 의탁하지 않으셨다고 말씀합니다. 그 이유는 사람 속에 있는 것을 아시기 때문

이라고 합니다. 사람의 속에 있는 것이 무엇이기에 의탁하지 않으십니까?

첫째, 인간에게 악이 있기 때문입니다. 사람들의 관계를 살펴보십시오. 처음에는 그 사람의 호의를 얻고 신뢰를 얻기 위해 사랑을 베풉니다. 누군가 나를 좋아해서 내게 사랑을 베풀면 우리는 그 사람을 신뢰하게 됩니다. 그 사람이 나를 신뢰해서 의존하게 합니다.

그 후 그 사람이 나를 사랑하고 나에게 의존하는 것이 확인되면 인간의 악이 드러나게 됩니다. '저 사람이 나 없이는 못 살겠구나, 저 사람에게 내가 꼭 필요한 존재로구나.'하는 것이 느껴지면 그때부터 그 사람을 내 욕구대로 조종하려 하고 내 마음대로 휘두르게 되는 것입니다. 인간이 관계를 맺는 목적이 여기에 있습니다.

사람의 마음에 이런 악이 있이 있기 때문에 하나님이 나를 사랑하는 것이 믿어지면 내가 원하는 것을 달라고 하나님을 조종하고 떼를 쓰는 것입니다. 내 마음에 들지 않으면 하나님조차 죽이려 하는 것이 인간의 본성입니다.

요한복음 8장 59절에 보면 '그들이 돌을 들어 치려하거늘 예수께서 숨어 성전에서 나가시니라'는 말씀이 있습니다. 예수님께 돌을 들어 치려했던 '그들'이 누구입니까?

이 말씀을 하시매 많은 사람이 믿더라 그러므로 예수께서 자기를 믿은 유대인들에게 이르시되 너희가 내 말에 거하면 참으로 내

제자가 되고 (요 8:30-31)

예수님의 말씀을 듣고 예수님을 메시아로 믿기 시작한 유대인들이
예수님께 돌을 들어 치려한 것입니다. 왜일까요?

> 예수께서 이르시되 진실로 진실로 너희에게 이르노니 아브라함
> 이 나기 전부터 내가 있느니라 하시니 (요 8:58)

그들은 메시아이신 예수님을 믿었습니다. 그러나 자신들이 가장
존경하는 조상 아브라함보다 예수님이 먼저 계셨다고 하니까 분노하
여 예수님을 죽이려 했습니다. 자기들의 생각과 맞지 않는 예수님을
수용할 수 없었던 것입니다.

보십시오. 좀 전까지만 해도 예수님을 믿은 것 같았지만, 바로 다음
순간에 자기들 마음에 들지 않는다고 돌을 들었습니다. 사람이 이렇게
악하고 변덕이 심합니다. 기분 좋을 때는 하나님 사랑한다고 찬양하지
만, 일이 잘 안되고 기분이 좋지 않을 때는 하나님을 원망하고 죽이려
드는 것이 인간입니다. 예수님은 이런 인간의 악을 아시기 때문에 그
들에게 자기 몸을 의탁하지 않으시는 것입니다.

하나님은 우리의 사랑을 원하십니다. 그러나 우리의 악한 사랑에
휘둘리지 않으십니다. 조종당하지 않으십니다. 하나님은 나의 인정이
필요하지 않기 때문에 나에게 의탁하지 않으십니다. 하나님은 나의 도
움이 필요한 분이 아닙니다.

오늘 말씀에서도 예수님은 사람의 도움이나 증언을 받을 필요가 없다고 증거하고 있습니다.

또 사람에 대하여 누구의 증언도 받으실 필요가 없었으니 (요 2:25)

이 말씀을 언뜻 보면 예수님이 정이 없는 분처럼 오해할 수 있습니다. 그러나 예수님이 이 땅에 오신 목적은 우리의 인정이나 도움을 받으러 오신 것이 아닙니다.

예수님이 이 땅에 오신 목적이 무엇입니까? 예수님께서는 자기를 내어주고 대속제물이 되시려고 오셨습니다. 예수님께서 사람들에게 자기 몸을 의탁하지 않으신 것은 인간이 하나님이신 예수님을 자기 마음대로 조종하고 휘두를 기회, 즉 악을 행할 기회를 주지 않으려는 것입니다.

우리가 지갑이나 물건을 아무 곳에나 두어서 누군가 훔쳐가게 한다면 돈을 잃어버리는 것보다 그 사람이 죄를 짓게 하는 것이 더 문제가 됩니다. 우리는 어떠한 상황에서도 다른 사람이 죄를 짓지 않도록 조심해야 합니다.

우리는 하나님께 헌신하거나 기도한 다음 당당히 요구할 때가 있습니다. 이것은 하나님을 조종하려는 악입니다. 그럼 어떻게 해야 합니까? 하나님의 긍휼을 의지해야 합니다.

"하나님, 내가 하나님의 사랑을 입으려고 몸부림치고 있습니다. 불쌓히 여겨주시옵소서. 도와 주시옵소서."

내 자신, 내 어려움을 하나님께 아뢰고 은혜를 구하는 태도를 가져야 합니다. 하나님의 긍휼과 사랑을 부어주시도록 은혜를 구하는 자세가 필요합니다.

하나님의 축복은 하나님 손에 있는 것이지, 내가 내 마음대로 하나님을 조종해서 얻는 것이 아닙니다. 오직 하나님의 은혜만을 구하는 성도가 되시길 축원합니다.

둘째, 인간의 연약함을 주님이 아시기에 자기 몸을 의탁하지 않으신 것입니다. 인간은 연약하기 때문에 다른 사람을 책임질 능력이 없습니다. 자기 인생도 스스로 책임질 수 없는 것이 인간입니다.

어떤 외동딸이 있었습니다. 무남독녀 외동딸인데 부모님도 경제적인 능력이 없습니다. 부모님이 더 나이 들어 일을 할 수 없게 되면 자기 혼자서 부모를 책임져야 한다고 생각하니 너무 부담이 되는 것입니다. 이처럼 우리가 부모님이나 배우자, 혹은 자녀에게 자신을 의탁하려고 하면 상대방에게는 굉장히 큰 부담이 됩니다.

또 반대로 우리가 누군가를 책임져 준다고 말하는 것도 헛된 것입니다. 가끔 남편이 아내에게 "나만 믿어, 내가 책임져줄게." 말하지만 인생은 알 수 없습니다. 남편이 책임지고 싶어도 책임져줄 수 없는 상황이 올 수 있습니다.

또 남편이 먼저 죽을 수도 있는 것입니다. 우리는 우리의 미래를 모릅니다. 그래서 인간관계에서 "나만 믿어, 나를 의지해." 라는 말은 사랑인 것처럼 느껴지지만 사실은 굉장히 무모하고 책임질 수 없는 말입니다.

베드로를 보십시오. 예수님이 십자가에 달려 죽는다고 하니까 "다른 사람들은 다 주를 버릴지라도 나는 버리지 않겠습니다. 나만 믿으세요." 큰소리쳤지만 예수님이 잡혀가신 후 예수님을 모른다고 저주까지 하며 부인하는 비겁한 모습을 보입니다.

베드로가 배신한 것 때문에 예수님이 상처받고 괴로워하셨습니까? 그렇지 않습니다. 오히려 예수님은 베드로를 걱정하셨습니다. 베드로가 예수님을 부인하고 난 다음에 얼마나 스스로에게 실망할까, 얼마나 괴로워할까 걱정하셔서 기도하라고 당부하지 않습니까?

예수님은 자신을 의탁하심으로 인해 사람들이 부담을 느끼거나 실족하는 것을 원치 않으십니다. 의탁했다가 저들이 잘 돕지 못하면 어떻게 되겠습니까? 예수님이 상처받고 힘들어지는 것이 문제가 아니라 그들 스스로 실망하고 좌절하지 않겠습니까? 예수님은 오직 하나님 아버지께만 자신을 의탁하십니다.

예수께서 큰 소리로 불러 이르시되 아버지 내 영혼을 아버지 손에 부탁하나이다 하고 이 말씀을 하신 후 숨지시니라 (눅 23:46)

예수님은 십자가에서 아버지 손에 내 영혼을 부탁한다고 말씀하시고 돌아가셨습니다. 아버지께 자신을 맡기신 것은 우리의 죄를 위한 십자가의 희생을 받아달라는 부탁입니다. 자신이 이룬 구원 사역을 하나님의 손에 맡기신 예수님은 하나님께서 당신을 다시 살리시고, 모든 하나님의 사람들을 용서해주실 것을 믿으셨습니다.

그런데 여기서 우리가 생각해야 할 것이 있습니다. 예수님이 아버지를 믿고 자신을 의탁하는 지금 이 순간은 하나님 아버지와 단절된 가장 고통스러운 순간이라는 것입니다.

제구시쯤에 예수께서 크게 소리 질러 이르시되 엘리 엘리 라마 사박다니 하시니 이는 곧 나의 하나님, 나의 하나님, 어찌하여 나를 버리셨나이까 하는 뜻이라 (마 27:46)

지금 예수님이 인간의 모든 죄를 대신 담당하는 죄인으로 십자가에 달려 있습니다. 그래서 예수님이 하나님을 '아버지'라고 부르지 않고 '하나님'으로 불렀습니다. 예수님의 다른 기도는 우리에게 가르치신 것처럼 모두 '아버지'로 시작합니다. 나사로의 무덤 앞에서도 예수님은 하늘을 향해 이렇게 말씀하셨습니다.

돌을 옮겨 놓으니 예수께서 눈을 들어 우러러 보시고 이르시되 아버지여 내 말을 들으신 것을 감사하나이다 (요 11:41)

그러나 십자가에 매달려 죄의 무게를 견디시는 큰 고통 가운데 있을 때, 예수님은 아버지를 향해 '하나님'이라고 외치셨습니다. 예수님이 하나님의 저주 가운데 죽으실 때 아버지와 아들의 관계가 끊어졌기 때문입니다.

하나님께 버림받았다고 느끼면서도 믿음을 지키는 것은 거의 불가능합니다. 하나님이 느껴지지 않고 내 옆에 계시지도 않는 듯한 두려움이 몰려올 때는 기도도 안 나옵니다. 그러나 바로 이 순간이 가장 믿음이 필요하며, 하나님을 붙들어야 할 때입니다.

십자가 위의 예수님도 마찬가지였습니다. 아버지에게 버림받은 고통이 몰려왔습니다.

"나의 하나님, 나의 하나님, 어찌하여 나를 버리셨나이까?"

그러나 이 버림받은 자의 고통스러운 외침은 예수님의 마지막 말씀이 아니었습니다. 예수님은 "아버지 내 영혼을 아버지 손에 부탁 하나이다" 라고 말씀하시고 숨을 거두셨습니다. 이것은 대담하고 확신에 찬 요청입니다. 진정한 구세주의 믿음의 고백이었습니다. 죽음의 문턱에서 아버지에게 버림받고 하나님의 심판의 저주로 쓰러져가는 최악의 상황에서도 예수님은 아버지의 사랑을 믿으셨습니다.

바로 이 믿음을 우리도 가져야 합니다. 나를 책임져 줄 능력이 없는 사람을 믿고 사람에게 의탁하면 상처 받고 실망만 합니다. 우리는 믿을 수 없는 부모, 믿을 수 없는 배우자, 믿을 수 없는 자식, 믿을 수 없는 사람을 의지해서 믿어보려고 합니다. 여기에 우리의 상처, 고통, 갈등이 있습니다.

사람은 믿을 대상이 아니고 사랑할 대상입니다. 믿음은 오직 하나님만 믿고 의지해야 합니다. 하나님이 나를 버리신 것처럼 느껴지는 순간에도 하나님의 사랑을 믿고 하나님께 나를 의탁하는 믿음이 필요합니다. 성부 하나님은 언제나 예수님을 '사랑하는 아들'이라고 부르셨습니다.

하늘로부터 소리가 있어 말씀하시되 이는 내 사랑하는 아들이요 내 기뻐하는 자라 하시니라 (마 3:17)

죽음 앞에 계신 예수님을 붙들어준 것은 바로 이 사랑이었습니다. 우리도 예수님처럼 하나님 아버지께 나를 의탁하는 기도를 드려봅시다. 우리의 등록금이나 월세, 생활비 등 재정적인 어려움에 닥쳤을 때 기도합니다.

"아버지, 저의 재정을 아버지 손에 부탁하나이다."

이렇게 기도할 수 있는 것은 아버지의 사랑을 믿기 때문입니다. 하나님께서 우리의 필요를 채워주실 것을 믿으시길 축원합니다.

죄에 맞서 싸울 때도 기도합니다. 똑같은 죄를 지을 때마다 사탄은 우리에게 패배감을 안겨주며 절대 그 죄를 정복할 수 없을 것이라고 속삭입니다. 그러나 우리는 하나님의 사랑으로 이렇게 고백할 수 있습니다.

"아버지, 저의 거룩함을 아버지 손에 부탁하나이다. 아버지의 사랑으로 저를 이 죄에서 건져주시고 죄를 이길 수 있는 능력을 주옵소서."

우리의 건강, 또는 가족의 건강을 위해서는 이렇게 기도합니다.

"아버지, 이 몸을 아버지 손에 부탁하나이다. 이 질병을 고쳐주시고 육신의 고통 가운데 신음하는 영혼을 위로하여 주옵소서."

학업을 위해서도 기도합니다.

"아버지, 힘든 공부와 오르지 않는 성적, 낙제할까 봐 걱정스러운 과목도 아버지 손에 부탁 하나이다."

우리는 삶의 모든 부분을 가지고 이렇게 기도할 수 있습니다.

"아버지, 저의 결혼생활을 아버지 손에 부탁 하나이다."

"제 가족과 가족의 모든 문제를 아버지 손에 부탁하나이다."

"저의 신앙생활, 주님이 제게 맡기신 일들을 아버지 손에 부탁하나이다."

"제 앞날에 대한 모든 염려와 두려움을 아버지 손에 부탁 하나이다."

그리고 마침내 일생을 마치는 날, 예수님께서 숨을 거두시기 전에 고백하신 기도를 우리도 똑같이 고백할 것입니다.

"아버지, 제 영혼을 아버지 손에 부탁하나이다."

예수님은 사람들을 책임지고 보호하시는 하나님이십니다.

우리 주님은 사람을 의지하지 않으시고 오직 하나님만 의지하셨습니다.

하나님만 의지할 때 가장 순수한 사랑, 아가페사랑을 하게 됩니다.

하나님의 크고 놀라운 사랑이 여러분을 덮으시길 축원합니다.

하나님의 말씀을 들으라
(요 10:27-28)

27. 내 양은 내 음성을 들으며 나는 그들을 알며 그들은 나를 따르느니라
28. 내가 그들에게 영생을 주노니 영원히 멸망하지 아니할 것이요 또 그들을
내 손에서 빼앗을 자가 없느니라

여러분, 하나님이 우리를 사랑하셨습니다. 그래서 우리에게 영생을
주시고, 새 삶을 주셨습니다.

> 내가 그들에게 영생을 주노니 영원히 멸망하지 아니할 것이요 또
> 그들을 내 손에서 빼앗을 자가 없느니라 (요 10:28)

우리 주님은 우리에게 영원한 생명을 주시고 우리를 절대 버리지
않으시며 빼앗기지 않으신다고 약속하십니다. 전능하신 하나님이 맹
세하시는데 누가 감히 대적하겠습니까? 우리 인생을 영원토록 보호하
시고 책임져주시겠다는 것입니다. 이제 주님의 사랑을 받은 우리는 어
떻게 합니까?

내 양은 내 음성을 들으며 나는 그들을 알며 그들은 나를 따르느니라 (요 10:27)

우리는 주님의 음성을 경청하고 순종합니다. 이것이 굉장히 중요합니다. 하나님의 사랑이 나의 양식입니다. 이 사랑의 양식을 먹는 것이 필요합니다.

여러분은 주님의 양입니까? 그러면, 주님의 음성이 들리십니까? 그럴 때도 있지만 안 그럴 때가 사실 더 많습니다. 한 번도 주님의 음성을 들어보지 못했다는 분도 있을 것입니다. 주님의 양인데 왜 그럴까요?

사무엘상 3장 1-14절은 어린 사무엘이 하나님의 음성을 듣는 사건을 소개하고 있습니다. 사무엘이 어려서 성전에서 자랐습니다. 12세쯤 되는 어느 날 밤, 자고 있는데 '사무엘아, 사무엘아'하는 소리가 들렸습니다. 우리 나이로 초등학교 5, 6학년쯤 된 어린 사무엘은 엘리 제사장이 부르는 것으로 생각하고 엘리 제사장에게로 달려갔습니다. 그러나 아니었습니다. 세 번이나 같은 일이 반복되었습니다.

그제야 엘리 제사장은 하나님이 사무엘을 부르신다는 생각이 들었습니다. 엘리 제사장은 사무엘에게 다시 부르는 소리가 들리거든 그 자리에서 무릎을 꿇고 '여호와여, 말씀하옵소서. 주의 종이 듣겠나이다.'라고 말하라고 지시했습니다. 사무엘은 이런 과정을 통해 하나님의 음성을 듣게 됩니다.

보십시오. 사무엘은 하나님의 음성을 들었지만 하나님의 음성을 들을 수 있다는 사실을 알지 못했기 때문에 하나님의 음성인 것을 깨닫지 못했습니다. 우리 중에 사무엘이 하나님의 음성을 들었다는 사실을 의심하는 사람은 별로 없습니다. 그러나 내가 사무엘처럼 하나님의 음성을 들을 수 있다는 사실을 믿는 사람은 많지 않습니다. 그래서 하나님의 음성을 듣고도 그것을 분별하지 못하는 것입니다.

어떤 사람들은 하나님의 음성을 듣는 것을 신비주의라고 생각합니다. 물론 인간이 하나님의 음성을 들을 수 있다는 것은 신비로운 일입니다. 그러나 신비주의는 아닙니다.

예수님은 '내 양은 내 음성을 들으며(요 10:27)' 라고 말씀하셨습니다. 예수님을 구주로 영접한 사람들은 모두 주님의 음성을 듣는다는 말입니다. 그러므로 그리스도인이 하나님의 음성을 듣는 것은 지극히 당연한 일이지 결코 신비주의가 아닙니다.

하나님의 음성을 들을 수 있다고 해서 처음부터 온전히 그분의 음성을 분별할 수 있는 것은 아닙니다. 사무엘도 하나님의 음성을 들었을 때 처음에는 알아듣지 못했습니다. 그러다가 엘리 제사장에게 가르침을 받은 후에 하나님의 음성을 분별하게 되었습니다. 이처럼 우리도 하나님의 음성을 듣는 법을 배워야 합니다.

어떻게 하나님의 음성을 들을 수 있을까요? 사무엘이 하나님의 음성을 들었을 때 그는 '하나님의 궤 있는 여호와의 전'에 누워 있었다고 했습니다. 그러면 우리도 늘 성전 안에 사는 생활을 해야 합니까? 이 말씀은 늘 교회 건물 안에서 살라는 것이 아닙니다.

> 너희는 너희가 하나님의 성전인 것과 하나님의 성령이 너희 안에
> 계시는 것을 알지 못하느냐 (고전 3:16)

구원받은 성도는 그 몸이 성전입니다. 성령이 언제나 그 안에 계시기 때문입니다. 그러므로 성령을 늘 의식하고 주목하고 귀 기울이며 살 때 하나님의 음성이 들리기 시작합니다. 그러면 성령님은 내가 말씀 가운데 있을 때 내게 성경으로 말씀하십니다.

일본의 미츠하시 목사님은 어렸을 때 소아마비 장애를 갖게 되었습니다. 그의 아버지는 늘 '너는 아무 쓸모가 없어.'라는 말을 귀에 못이 박히도록 했습니다. 어느 날 그가 하나님을 만났을 때 그는 놀라운 하나님의 음성을 듣게 되었습니다.

"나는 너를 사랑한다. 너를 향한 놀라운 계획을 가지고 너에게 생명을 주었단다."

그 한마디가 믿어지면서 그의 인생이 뒤집어졌습니다.

그 후 육신의 아버지로부터 들었던 부정적인 생각이 서서히 사라지기 시작했습니다. 그리고 말씀을 묵상하고 연구함으로써 하나님의 사랑의 양식을 먹게 되었습니다. 더 결정적인 것은 그가 주님의 부름에 순종하고 난 다음부터, 정말 쓸모 있는 사람이 되었다는 것입니다.

성령님은 우리 안에 계시면서 계속 말씀하십니다. 하나님의 뜻대

로 순종하며 살 때 더 강하게 나를 축복하시며 비전으로 살게 하십니다. 하나님의 말씀은 생명이고 능력입니다. 그러므로 우리는 하나님의 말씀을 들어야 합니다. 하나님의 말씀을 듣고 순종하면 우리 인생에 변화와 기적이 일어납니다.

> 나의 계명을 지키는 자라야 나를 사랑하는 자니 나를 사랑하는 자는 내 아버지께 사랑을 받을 것이요 나도 그를 사랑하여 그에게 나를 나타내리라 (요 14:21)

하나님의 사랑을 받은 사람은 하나님을 사랑할 수 밖에 없습니다. 하나님을 사랑하는 사람은 하나님의 말씀에 귀를 기울이며 경청하게 됩니다. 그 말씀에 순종하고 싶은 간절한 소원이 생깁니다. 하지만 우리가 하나님의 말씀을 듣는 것이 훈련되어 있지 않고 순종이 훈련되어 있지 않으면 늘 내 생각이 나를 지배합니다. 아니면 사탄의 부정적 메시지가 내 삶에 영향을 주게 됩니다.

여러분, 정신분열이 심하면 자기 귀에서 '미워한다, 죽이려 한다, 너를 속이고 있다.'와 같은 이상한 소리가 들리고 눈으로 '다른 것'을 보게 됩니다.

> 더러운 귀신이 사람에게서 나갔을 때에 물 없는 곳으로 다니며 쉬기를 구하되 얻지 못하고 이에 이르되 내가 나온 내 집으로 돌아가리라 하고 가서 보니 그 집이 청소되고 수리되었거늘 이에 가서 저보다 더 악한 귀신 일곱을 데리고 들어가서 거하니 그 사

하나님의 음성을 잘 듣고 성령 안에서 말씀으로 교제하지 못하면 전보다 더 못되고 악한 사람이 됩니다. 제가 처음에 하나님께 큰 은혜를 입었을 때 너무너무 행복하고 구름 위를 떠다니는 것 같았습니다. 그런데 한 1년쯤 지나니까 마음이 점점 메마르기 시작하더니 마침내 바짝 마른 땅처럼 되어버렸습니다. 사람이 강퍅해지고 악해집니다. 하나님의 은혜의 단비가 없어서 살 수가 없었습니다.

어떻게 해야 이 영적 갈급함에서 벗어날 수 있을지 몸부림치다가 그때 알게 된 것이 큐티입니다. 처음에는 큐티하며 말씀을 묵상하는 것이 너무 좋아서 이틀을 꼬박 아무것도 안하고 큐티만 했습니다. 그러다가 점차 일주일에 한 4일 정도 큐티를 했는데 그러면서 다시 하나님의 사랑과 은혜가 내 마음에 채워지기 시작했습니다.

처음부터 잘 되는 사람은 아무도 없습니다. 자꾸 실패하게 됩니다. 그래서 훈련이 필요하고 연습이 필요합니다. 하나님의 음성은 사람의 목소리처럼 들리기도 하지만 하나님은 영이시기 때문에 영의 소리로 들려집니다. 여러분, 사람의 소리는 공기의 진동을 통해서 전해집니다. 하나님의 목소리, 하나님의 음성은 말씀을 통해 우리 영혼에 진동을 주시고, 우리 마음에서 들려지게 합니다. 하나님의 음성을 듣는 가장 좋은 방법은 하나님이 이미 우리에게 주신 성경말씀을 읽는 것입니다. 설교를 잘 듣고 성경공부를 하고 암송을 하는 등 말씀을 가까이 하는 것입니다.

어떤 남자가 알코올 중독으로 비참한 삶을 살고 있었습니다. 그의 아내는 남편의 중독을 치료하기 위해 온갖 수단과 방법을 다 동원했지만 모두 허사였습니다. 오히려 그때마다 남편은 불같이 화를 냈고 때로는 심하게 구타하기까지 했습니다. 몸과 마음이 만신창이가 된 아내는 친구를 찾아가 자신의 괴로운 심정을 토로했습니다. 안타까운 마음에 친구가 성경책 한 권을 꺼내 그녀에게 건네주었습니다. 그러면서 삶의 진정한 의미는 바로 성경에 있으니 한 번 읽어보라고 권했습니다.

아내는 지푸라기라도 잡는 심정으로 성경을 읽기 시작했고 그 과정에서 예수님을 구주로 영접하게 되었습니다. 이후에 아내는 남편의 술주정이 심할 때마다 말씀을 통해 많은 위로를 받았습니다. 그래서 늘 성경책을 옆에 끼고 보물처럼 여겼습니다. 하지만 남편은 이런 아내의 모습을 비웃기만 했습니다.

그러던 어느 날 남편이 또 만취해서 집으로 돌아왔습니다. 아내는 그날도 남편을 기다리며 성경을 읽고 있었습니다. 그 모습을 본 남편은 빈정거리며 화를 냈고, 성경을 빼앗아 난로 속에 던져 버렸습니다.

"그래 보자, 이제 네 성경이 저 불 속에서 뭐가 될지."

아내를 비웃고 남편은 방안으로 들어갔습니다. 다음날 아침, 술이 깬 남편은 지난 밤 자신이 불태운 성경책의 재를 치우기 시작했습니다. 그러다 우연찮게 타다 남은 성경 한 장을 보게 되었습니다. 바로 마태복음 24장 35절이었습니다. 남편의 눈에 그 말씀이 갑자기 큰 활자로 다가왔습니다.

"천지는 없어질지언정 내 말은 없어지지 아니하리라"

남편은 깜짝 놀랐습니다. 성령님께서 말씀을 통해 그를 깨닫게 하신 것입니다. 그 이후부터 계속 눈과 귀에서 이 말씀이 떠나지 않습니다. 그는 너무 두려워서 '내가 잘못했구나!' 생각하며 벌벌 떨기 시작했습니다.

"천지는 없어질지언정 내 말은 없어지지 아니하리라"

그는 성경책을 불태우고 그동안 아내를 괴롭혔던 그 모든 것에 대해 죄책감을 느꼈습니다. 결국 남편은 아내와 함께 교회에 나가게 되었고 예수를 구주로 영접하게 되었습니다.

하나님의 말씀이 남편의 마음에 충격을 주고 자신을 돌아보게 하며 죄를 깨닫게 한 것입니다.

> 하나님의 말씀은 살아 있고 활력이 있어 좌우에 날선 어떤 검보다도 예리하여 혼과 영과 및 관절과 골수를 찔러 쪼개기까지 하며 또 마음의 생각과 뜻을 판단하나니 (히 4:12)

하나님의 말씀은 사람을 변화시키는 능력이 있습니다. 사람은 변화가 안 됩니다. 그런데 어떨 때 변화됩니까? 하나님의 사랑이 임하면 새로운 피조물이 됩니다. 권면이나 질책, 충고 등 그 어떤 말도 사랑 없이 하는 말에는 능력이 없습니다. 사랑이 없이 하는 말은 아무 의미 없이 시끄럽게 울리는 꽹과리와 같다고 했습니다. 말 속에 사랑이 담겨있을 때 그 말은 능력을 나타내게 됩니다. 상대방의 마음에 진심으로 다가가 그 사람을 변화시키는 것입니다.

하나님의 말씀에는 우리를 향한 절절한 사랑이 담겨 있습니다. 그러므로 말씀을 읽을 때, 말씀을 들을 때, 사람이 변화되기 시작합니다. 그러므로 하나님의 사랑을 찾기 위해 방황할 필요가 없습니다. 말씀 속에 하나님의 사랑이 있습니다. 그 말씀을 믿고 시인할 때 우리 삶에 하나님의 사랑이 부어져 인생이 변화되는 기적이 나타납니다.

그러므로 항상 말씀에 귀를 기울이고 말씀에서 눈이 떠나지 않게 하십시오. 말씀 속에 녹아있는 하나님의 사랑이 전적으로 우리를 사로잡아 역사하시도록 할 때 성령의 능력이 나타나는 삶을 살게 됩니다. 하나님은 계속해서 우리에게 사랑한다고 말씀하십니다. 다만 우리의 불신앙과 불순종 때문에 깨닫지 못할 뿐입니다.

여러분, 사랑의 교제는 일방적인 것이 아닙니다. 사랑은 쌍방이 서로 사랑할 때 가장 행복하고 아름답습니다. 하나님이 나를 사랑하십니다. 이 사실을 깨달았다면, 이 사실을 믿는다면, 나도 하나님을 사랑하게 됩니다.

자, 하나님과 내가 사랑의 관계가 되었습니다. 그러면 사랑하는 그분과 교제가 있는 것이 당연하지 않겠습니까? 매일매일, 매순간마다 하나님의 사랑의 음성을 들어야 하고 나도 하나님을 사랑한다는 고백이 있는 것이 당연합니다.

하나님이 나를 사랑한다고 말씀하시는 그 음성을 들으시길 바랍니다. 나를 사랑하시는 그 하나님께 순종함으로 크신 사랑을 경험하시길 바랍니다.

하나님의 크신 축복이 여러분과 함께 할 것입니다.

영원토록 하나님과 사랑의 교제를 풍성히 누리는 성도되시길 축원
합니다.

⑤ 온 마음을 다해 하나님을 구하라
(렘 29:12-13)

12. 너희가 내게 부르짖으며 내게 와서 기도하면 내가 너희들의 기도를 들을 것이요

13. 너희가 온 마음으로 나를 구하면 나를 찾을 것이요 나를 만나리라

어떤 아이가 컴퓨터 게임을 너무너무 좋아했습니다. 거의 모든 시간을 게임을 하며 보냈습니다. 게임을 할 수 없을 때는 친구들과 게임에 대해 대화를 합니다. 그나마 안 될 때는 게임을 생각합니다. 진실로, 온 마음으로 게임을 하는 아이입니다.

축구 황제 펠레가 은퇴할 때, 10만 군중을 모아놓고 고백했습니다.

"저는 축구를 시작한 날부터 지금까지 하루도 빠짐없이 축구만을 생각했습니다. 축구는 나의 심장입니다."

그가 세계적인 축구선수가 된 것은 밤낮없이 축구를 생각했기 때문입니다. 골프를 잘 치는 사람도, 사업에 성공한 사람도, 밤낮 그 생

각만 하므로 좋은 결과를 만들기도 합니다.

오늘 본문에 '너희가 온 마음으로 나를 구하면'이라고 말씀합니다. 오늘 본문은 바벨론의 포로로 끌려간 이스라엘 백성들에게 하나님이 하신 말씀입니다. 70년이 지나면 포로생활을 끝내고 돌아오게 될 것이라고 약속하십니다. 그리고 하나님은 강조하시길, 너희를 향한 나의 생각은 재앙이 아니라, 평안이고 미래와 희망을 주는 것이라고 말씀하십니다.

그러면서 너희가 나에게 부르짖으며 기도하면 그 기도를 듣겠다고 약속하십니다. 70년 후에 돌아오게 하는 것이 하나님의 계획이지만, 그래도 백성들이 하나님께 기도해야 하는 것입니다.

> 주 여호와께서 이같이 말씀하셨느니라 그래도 이스라엘 족속이 이같이 자기들에게 이루어 주기를 내게 구하여야 할지라 내가 그들의 수효를 양 떼 같이 많아지게 하되 (겔 36:37)

하나님은 우리의 기도를 통해서 일하시기 때문입니다. 기도하되 온 마음으로 기도하라고 말씀하십니다. 온 마음으로 기도하는 것이 뭘까요? 펠레가 하루도 빠짐없이 축구를 생각한 것처럼, 늘 하나님을 생각하는 것입니다.

마가복음 10장 46-52절에 보면 온 마음으로 예수님께 나온 한 사람이 소개되어 있습니다. 그는 맹인 거지입니다. 그는 정말 불쌍한 사람입니다. 맹인인 것도 불쌍한데 또 가난하기까지 하니까 그의 인생에 무슨 희망이 있겠습니까? 그저 죽는 날을 기다리며 하루하루를 지옥처럼 사는 것입니다. 그런데 이 맹인 거지 바디매오에게 희망의 소식이 들려오기 시작합니다. 그것은 예수에 대한 소문입니다. 예수님은 어떤 병도 고치신다는 겁니다. 정말 그가 모든 병을 고치는 능력이 있는지, 나 같은 맹인 거지라도 고쳐줄지, 그 소문이 사실인지 여러 사람들에게 물어보고 마침내 그는 믿음을 갖기 시작했습니다. '예수님은 하나님이 약속하신 메시아이기에 나 같은 자라도 고쳐주실 것'이라는 믿음을 가지게 됩니다.

그가 얼마나 예수님을 만나려고 기다렸겠습니까? 그 예수님이 지금 자기 동네를 지나가고 있다는 소리를 듣습니다. 그래서 그는 주님을 향하여 부르짖습니다. 그런데 여기에서 우리가 주목하게 되는 것은 그가 예수님을 부르는 호칭입니다. 그는 예수를 가리켜 뭐라고 외치고 있습니까?

"다윗의 자손 예수여!" 라고 외치고 있습니다. 이것은 공개적인 신앙고백입니다. 보통 '거지' 하면 무식하고 생각이 없다고 볼 수밖에 없는데, 이 거지는 예수의 메시아 되심을 분명히 알고 있었습니다. 그는 자기중심에 주님에 대한 고백을 갖고 있는 사람이었습니다.

이 얼마나 놀라운 일입니까? 그는 예수를 가리켜 분명하고 확신 있게 "우리에게 오신다고 약속하신 바로 그 메시아 다윗의 자손이여!"라고 외치고 있습니다. 그렇다면 그는 예수 만나기 전부터 예수에 대한 소문을 듣고 믿음을 품는 영혼으로 준비된 것입니다. 그래서 그는 예수님을 만나자마자 즉각적으로 소리 질렀습니다.

하나님은 소경에게 자신을 가르쳐 주었습니다. 이것이 은혜입니다. 사람이 하나님을 알고 싶어도 하나님이 알려주셔야, 믿게 하셔야 믿어지는 것입니다.

나를 보내신 아버지께서 이끌지 아니하시면 아무도 내게 올 수 없으니 오는 그를 내가 마지막 날에 다시 살리리라 (요 6:44)

우리가 신앙을 가지게 된 것은 하나님이 먼저 우리를 이끄셨기 때문입니다. 나를 이끄시는 주님께 자신을 드리는 결단이 믿음입니다. 소경 역시 절대적인 믿음이 있었습니다. 그리고 그는 그 믿음의 고백을 부르짖어 표현했습니다.

"나를 불쌍히 여겨 주시옵소서."

이것은 단순히 부르짖는 정도의 기도가 아니었습니다. 외마디 비명입니다. 살려달라는 절규요, 몸부림이었습니다. "지금 내가 예수 만나지 못하면 다시 만날 수 없다."는 이 간절한 절규를 그는 순간에 퍼붓고 있습니다.

얼마나 기다려왔는지 모릅니다. 이 한순간을 얼마나 사모했는지 모릅니다. "지금 내가 예수를 만나야겠다."는 그 간절한 소리를 가지고 지금 절규하듯 토하고 있습니다. "나를 불쌍히 여겨 주옵소서."

여러분, "오늘 내가 주님을 꼭 만나야 되겠다."는 그런 간절함이 있습니까? 하나님 은혜 없이는 살 수 없다는 절규가 있습니까? 그 간절함이 내 안에 있을 때에 주님이 만나주시고 그 순간 은혜가 임하는 것입니다. 우리에게 이런 영적인 몸부림이 있기를 축원합니다.

맹인 거지 바디매오가 얼마나 소리를 질렀던지 주변에 있던 사람들이 시끄러워서 살 수가 없습니다. 그래서 조용히 하라고 호통을 칩니다. 예수님을 에워싸고 있는 사람들 역시 다 자기 나름의 욕구가 있어서 주 앞에 나왔기 때문에 예수님을 양보할 수가 없습니다. 이것이 보통사람의 마음이었습니다.

"잠잠하라. 입을 닫아라."

이것이 사람의 반응이었습니다.

이런 분위기가 되면 대부분의 사람들은 주춤하게 됩니다. '내가 뭘 잘못하고 있구나. 이게 아닌가보다. 나는 조용히 나서지 말아야 하는구나. 맹인 주제에……. 거지 주제에…….'

하지만 바디매오가 이 소리를 듣고 그저 입을 다물었다면, 이 소리를 듣고 그저 그의 의기가 꺾였다면, 그는 평생을 맹인으로, 불행한 사람으로 인생을 마쳤을 겁니다. 그런데 바디매오는 낙심하기는커녕, 조용히 하기는커녕 더욱 크게 소리를 지릅니다.

"다윗의 자손이여 나를 불쌍히 여기소서!"

조용히 하라는 말을 하지 못하도록, 나를 흔드는 그 소리를 누를 만큼 더 큰 소리로 외칩니다. 누가 자기를 억압하면 더 소리를 질렀습니다.

"예수여, 나를 불쌍히 여기소서."

주님이 그 소리를 들을 때까지 그는 소리를 질러댔습니다. 바디매오가 어떻게 이런 소리를 지를 수 있었을까요? 그가 긍정적인 자아상을 갖고 있었겠습니까? 그가 자존감이 높았겠습니까? 전혀 그런 생각을 할 수가 없는 거지입니다. 하루하루 동냥에 의지해서 사는 거지가 무슨 비전과 꿈이 있었겠습니까?

그런데 어찌하여 담대하게 이렇게 소리를 지를 수 있었을까요? 바디매오가 '주님의 사랑에 대한 믿음'을 가진 것입니다.

"주님은 사랑의 하나님이시다. 내가 그분 앞에 나아가면 나를 거절하지 않으시는 분이시다. 내가 소리 지르고 절규할 때 나를 외면하지 아니하시는 은혜의 주님이시다."

이것을 확신했기 때문에 그는 주 앞에 소리 지르며 달려갈 수가 있었습니다. 이 절대적인 믿음, 바로 그것 때문에 그는 새 인생의 축복을 누릴 수 있었습니다.

"세상은 나를 거절하고, 세상은 나를 반대해도 나의 주님은 나를 거절하지 아니하신다."

이 사랑에 대한 신뢰가 하나님의 은혜를 누리게 하는 것입니다.

여러분, 포기하지 마십시오. 마귀는 우는 사자처럼 으르렁거리며 우리를 낙심하게 합니다. 이 낙심의 덫에 걸리면 마음이 떨어지고 좌절감에 빠지게 됩니다.

'하나님은 너를 사랑하지 않는다. 하나님이 너를 사랑한다면 왜 이런 어려움이 왔겠냐? 하나님이 너를 사랑한다면 기도했는데 왜 응답해주지 않냐? 너를 사랑하는 게 아니야. 하나님은 널 버렸어. 넌 실패자야, 포기해.'

그런 생각이 들 때 마음이 뚝 떨어집니다. 손에 힘이 빠지고 다리에 맥이 풀리는 것입니다. 그러나 사탄의 말에 귀를 기울이지 마십시오. 그는 거짓말쟁이 선수입니다. 그는 속임수의 천재입니다. 거짓에 넘어가지 마십시오. 주님은 영원토록 우리를 사랑하십니다.

여러분, 전능하신 주님이신데, 우리가 소리 지르지 않으면 못 들으십니까? 아닙니다. 주님은 우리가 말 안 해도 다 아십니다. 어떤 때는 말 안 해도 찾아오십니다. 우리가 너무 상심해서 아주 말을 할 힘도 없을 때는 예수님이 조용히 찾아오셔서 위로해주십니다.

그러나 이 맹인은 말을 할 수 있었습니다. 벙어리가 아닙니다. 그래서 주님은 기다리십니다. 그가 할 수 있는 한 '자기 소리'를 내게 하십니다. 더욱 큰 소리를 낼 때까지 기다리십니다. 드디어 주님이 바디매오의 소리를 들으셨습니다.

> 예수께서 머물러 서서 그를 부르라 하시니 그들이 그 맹인을 부르며 이르되 안심하고 일어나라 그가 너를 부르신다 하매 맹인이 겉옷을 내버리고 뛰어 일어나 예수께 나아오거늘 (막 10:49-50)

예수님이 바디매오를 부르실 때 바디매오가 어떻게 합니까? 그의 재산목록 1호인 겉옷을 내어 던져버렸습니다. 이 겉옷은 그가 잠 잘 때

이불이었고, 그의 외투였으며, 그가 가진 유일한 재산이었어요. 이것 없이는 살 수 없는 겁니다.

이 겉옷을 어떻게 했습니까? 챙겨들고 갔나요? 버리고 갔습니다. 그의 유일한 재산이었던 겉옷을 그는 과감하게 내 버렸습니다. 왜 맹인거지 바디매오가 겉옷을 내던졌습니까? 또 동냥해서 모아둔 돈이랑 깡통도 다 버립니다. 혹시 눈을 뜨지 못하면 다시 돌아와 구걸해야죠. 어쩌자고 다 던집니까?

무슨 마음일까요? 본문을 묵상해 보니 바디매오에게는 '내가 예수를 만나기만 하면, 내 눈이 회복될 것이다.'라는 분명한 믿음이 있었습니다. 그래서 그는 자기의 모든 것을 다 던져버렸습니다. 바로 이 수준이 '죽으면 죽으리이다.'의 수준입니다.

여러분, 예수를 강력하게 만나려면 내가 붙잡는 것, 내가 가진 것, 내가 아끼는 것 다 내려놓아야 합니다. 이것이 온 마음으로 주님을 찾는 태도입니다. 여러분 자신의 것을 주장하십니까? 만약 그것이 우상이면 다 잃어버리게 됩니다. 참 이상하게도 인생원리는 살고자 하면 죽고, 죽고자 하면 삽니다.

여러분의 인생과 삶과 지식, 돈과 건강과 재산과 자녀, 가족, 시간 등 모든 것이 다 주님의 것입니다. 주님이 내게 맡기신 것입니다. 그런데 내가 그것 때문에 주님께 가는 것이 어려워지면 주님도 나의 주님이 되기 어렵습니다. 결국 모든 것을 다 잃어버리게 됩니다. 그러나 내가 가지고 있는 것, 귀한 것을 다 주님께 드릴 때, 우리 주님과의 교제도 풍성해지지만 삶에 필요한 모든 것 또한 10배, 100배로 다시 얻게 되는 것입니다.

주님이 "오라" 하는데 바디매오가 재산 목록 1호인 겉옷 챙기고, 자기 깡통 챙기고 뛰어갔으면 주님이 어떻게 했을까요?

"아직 준비가 안 됐구나. 좀 더 기도해야겠다. 그만 쉬어라."

아마 그랬을 것 같습니다. 그러나 소경 거지 바디매오는 깡통도 다 버리고, 겉옷도 다 버리고, 모든 것을 다 버렸습니다. 그리고 주님만 얻기 위해 달려갔습니다.

여러분, 온 마음을 다해 오직 주님만 붙드시길 축원합니다.

이렇게 달려온 바디매오에게 주님이 묻습니다.

"내가 너에게 무엇을 해주기 원하느냐?"

여러분, 보세요. 지금 주님이 놀리십니까? 맹인이 왜 달려왔겠습니까? 다 아십니다. 그러나 다시 확인하십니다. 그의 소원이 한 마음이 되도록, 하나의 메시지로 통합되도록 물으십니다.

"무엇을 해주기를 원하느냐?"

그러자 바디매오가 즉각적으로 뭐라고 말합니까?

"주여, 보기를 원합니다."

참 놀라운 것은 이 소경이 어떻게 보기를 꿈꾸고 살았을까요? 눈을 뜰 거라고 어떻게 확신했을까요? 너무 신기하고 놀라운 장면입니다.

자신이 태어날 때부터 소경이었으면 '아, 내 팔자가 그런가보다.' 하고 그냥 그렇게 평생 살다가 죽는 게 보통사람이잖아요? 이 사람이 소경된 것이 짧은 세월이 아닙니다. 사람이 그 상태로 오래 유지하다보면 그것이 내 삶이 됩니다. 맹인으로의 생활이 적게 잡아도 10년 이상 되었을 것입니다. 이게 내 팔자려니 하고 살 수 있는 것입니다. 그런데 바디매오는 '예수를 만나기만 하면 내가 눈 뜰 거다.' 그런 생각을, 그런 마음을 품고 사는 겁니다. 이 기대, 이 믿음, 이 확신, 이 비전이 그 안에 있었습니다.

주님이 "네 소원이 뭐냐?" 그러니까 "주여, 보기를 원합니다." 즉각적으로 말하는 것입니다.

"여러분, 소원이 뭡니까? 비전이 뭐예요? 꿈이 뭐예요?" 물어보면 바로 대답할 수 있습니까?

"주여, 이겁니다." 말할 수 있겠습니까? 그렇게 즉각적으로 말하려면 그게 내 한이 되어야 합니다.

너의 소원 한 가지가 무엇이냐 물으면 대답하기 쉽지 않습니다. 마음이 복잡하고 욕심이 많습니다. 이것저것 다 챙깁니다. "눈도 보게 하시고 돈도 주시고 건강도 주시고 결혼도 하게 해주세요." 이러지 마시고 그것이 무엇이든 한 가지만 말하세요. 주님께 딱 한 가지, 한 가지만 이야기하세요.

바디매오는 한 가지 생각만 품고 살았습니다. 그리고 소경 거지 바디매오는 그 비전대로 눈을 떠서 예수를 보았습니다. 그리고 그는 길에서 주님을 좇아서 제자가 되었습니다. 예수님이 사역하시던 당시에 많은 사람이 눈을 떴고, 많은 사람이 주님의 도움을 입어 병 고침을 받았습니다. 많은 사람이 치유를 입었지만 성경에 이름이 기록된 사람은 없습니다. 그러나 바디매오는 주님을 따랐던 온전한 제자였기 때문에 그 이름이 성경에 남아 있습니다.

우리가 예수님의 복된 자녀가 되려면 하나님과 강력한 만남이 있어야 합니다.

주님께 한 가지만 외치세요. "이것은 해결해 주세요."라고.

> 너희가 내게 부르짖으며 내게 와서 기도하면 내가 너희들의 기도를 들을 것이요 너희가 온 마음으로 나를 구하면 나를 찾을 것이요 나를 만나리라 (렘 29:12-13)

주께서 우리에게 물으십니다.

"네게 무엇을 하여 주기를 원하느냐"

"주여, 내 문제가 해결되기를 원하나이다. 주여, 기적을 체험하길 원합니다."

우리가 간절히 간구하면 하나님은 우리의 기도를 들으십니다.

하나님을 만나시길 바랍니다.

하나님의 사랑을 만나시길 원합니다.

온 마음을 다해 구함으로 사랑의 하나님을 만나고 응답의 축복도 받으시길 축원합니다.

사랑하면 행복해집니다

6 하나님의 사랑을 경험하라
(막 12:28-34)

28. 서기관 중 한 사람이 그들이 변론하는 것을 듣고 예수께서 잘 대답하신
    줄을 알고 나아와 묻되 모든 계명 중에 첫째가 무엇이니이까
29. 예수께서 대답하시되 첫째는 이것이니 이스라엘아 들으라 주 곧 우리
    하나님은 유일한 주시라
30. 네 마음을 다하고 목숨을 다하고 뜻을 다하고 힘을 다하여 주 너의
    하나님을 사랑하라 하신 것이요
31. 둘째는 이것이니 네 이웃을 네 자신과 같이 사랑하라 하신 것이라 이보다
    더 큰 계명이 없느니라
32. 서기관이 이르되 선생님이여 옳소이다 하나님은 한 분이시요 그 외에 다른
    이가 없다 하신 말씀이 참이니이다
33. 또 마음을 다하고 지혜를 다하고 힘을 다하여 하나님을 사랑하는 것과
    또 이웃을 자기 자신과 같이 사랑하는 것이 전체로 드리는 모든 번제물과
    기타 제물보다 나으니이다
34. 예수께서 그가 지혜 있게 대답함을 보시고 이르시되 네가 하나님의 나라
    에서 멀지 않도다 하시니 그 후에 감히 묻는 자가 없더라

유태인 자녀교육의 핵심은 사랑으로 양육하되 자녀가 스스로 독립하도록 교육하는 것이었습니다. 그래서 유태인들은 13살이 되면 자녀들을 경제적으로 독립시킵니다. 어떤 아버지가 이러한 유태인 자녀교육을 듣고 깊은 감동을 받아 자기 아들도 이렇게 키우고 싶어 고민을 하게 되었습니다.

이 아버지는 시골에서 젖소를 키우는 목장을 운영하는 분이었습니다. 그래서 아들이 스스로 경제적 독립을 하게 하려면 목장에서 나오는 우유를 배달시켜야겠다고 결심했습니다. 그 당시는 자전거가 아주 귀할 때였는데 이분이 미군부대에서 나오는 아주 좋은 자전거를 구입해서 아들에게 선물했습니다.

아들이 얼마나 기뻤겠습니까? 아버지는 아들에게 자전거 타는 법을 가르쳐주고 매일 연습을 시켰습니다. 그리고 아들에게 계속 이야기했습니다.

"아들아, 유태인은 13살이 되면 경제적으로 독립한단다. 너는 내가 보니 유태인보다 훨씬 더 훌륭하다. 그러니 10살이면 독립할 수 있다."

그래서 그동안 갈고 닦은 자전거 실력을 가지고 초등학교 3학년 때부터 매일 아침 7시에 일어나 우유배달을 하게 했습니다. 아들은 매일 아침 학교 가기 전에 자전거를 타고 우유 10병을 배달하였습니다.

아들은 아버지의 특별한 사랑을 느끼면서 자전거 타는 것을 즐거워하며 우유배달을 열심히 했습니다. 그리고 그 수고로 아버지께 용돈을 받았습니다. 1년마다 아이의 우유배달 양이 점점 늘었습니다. 고 2 때는 매일 300병을 배달한 후 학교를 갔습니다. 그래도 힘들어하지 않고 당연하게 생각했습니다. 오히려 경제적으로 부모님을 의존하는 친구들을 안타깝게 여겼습니다.

얼마나 열심히 했는지, 1년 365일 중에 설날과 추석에 2일씩 쉬고 361일을 배달했습니다. 비가 오나 눈이 오나 자전거를 타고 우유배달을 했습니다. 겨울에 자전거를 타다가 빙판길에서 미끄러져 다치는 날도 많았습니다. 머리가 깨어져 피가 흘러도 우유를 다 배달했습니다. 아무리 힘들어도 이것은 '내 일' 이라 여기며 열심히 배달을 했습니다. 그러면서 성실함과 체력과 독립심을 키워갔습니다.

이 모든 것이 나를 사랑하는 부모님에 대한 사랑의 응답이었습니다. 그리고 고 3이 되던 해에는 공부를 위해 우유배달을 쉬라는 아버지의 말씀에, 공부에만 전념했습니다. 총 9년 동안 우유배달을 한 것입니다.

아들은 대학을 졸업할 때 이미 경제에 눈을 떠서 건축학과를 졸업하면서 건축사 자격증을 따고 건축현장 소장이 되어 30세 이전에 이미 20억 이상의 자산을 마련했습니다. 그리고 30세 어간에 하나님의 강력한 사랑의 부르심을 받고 목사가 되어 지금은 영혼을 구원하는 일에 생명을 바치고 있습니다.

아버지는 어릴 때부터 사랑으로 아들을 대하였고 아들 역시 아버지를 사랑했기 때문에 아버지의 교육 방침에 잘 따라 주었습니다. 아들은 이런 사랑의 마음이 바탕이 되어 어느 날 하나님의 사랑을 강하게 경험하였습니다. 그리고 그 하나님을 아버지를 사랑하듯 사랑하고, 하나님을 위해 살아가는 것이 그의 행복이 되었습니다. 그래서 하나님을 사랑하고 온 세상을 사랑하는 마음을 가지게 된 것입니다.

이분이 전도를 열심히 하다가 동네에 있는 어떤 이발사를 전도하고자 결심했습니다. 그래서 보름에 한 번씩 머리 깎으러 가서 전도했습니다. 그런데 이발사는 계속 거절을 합니다. 4년 동안 그 이발사에게 머리를 깎으면서 교회에 가자고 했지만 이발사가 계속 거절하더니 어느 날 이발소가 없어졌습니다. 이발사가 귀찮아서 도망을 가버린 것입니다.

수소문해서 이사 간 이발소를 찾아갔습니다. 찾아보니 집에서 2시간 거리였습니다. 목사님은 왕복 4시간 거리를 차를 몰고 3년 동안 이발하러 다녔습니다. 한 달에 두 번 머리 깎으러 가서 계속 전도했습니다. 합해서 7년 동안 갔습니다. 그래도 교회에 안 오더니 어느 날 이발소가 또 없어졌습니다. 다시 도망을 간 겁니다. 며칠을 수소문해서 수십 명에게 물어 겨우 찾았습니다. 그리고 웃으며 책망합니다.

"아니, 단골인데 나를 버리고 이사 가면 어떡합니까?"

이렇게 이발사를 전도하기 위해 끈질기게 찾아가서 머리를 깎았습니다. 그리고 12년째 되었을 때 결심했습니다.

'하나님, 나도 12년 전도했습니다. 이제 교회 안 오면 그만 하겠습니다. 이 사람 때문에 2주에 하루씩 허비하는 것입니다.'

그리고 이발사에게 마지막으로 부탁했습니다.

"내가 12년을 당신에게 머리를 깎았는데 한 번 정도는 올 수 있지 않습니까?"

마침내 이발사 부부가 그 다음 주에 교회에 왔습니다. 그 후로 19년째 그 이발소에 가는데 1년에 몇 번 교회에 나온답니다. 이 이발사가 목사님께 "목사님처럼 살면 누구나 성공할 것입니다."라고 말한답니다.

이 목사님이 얼마나 행복한 목회를 하고 계신지 모릅니다. 한국교회에 큰 영향을 주는 목회를 하고 있습니다. 이 목사님의 삶은 사랑이 넘치면서도 강력한 열정과 리더십이 있습니다.

그 이유가 무엇일까요? 하나님의 사랑을 입고 하나님의 사랑에 응답하는 삶을 살아가면서 하나님의 강력한 사랑이 그의 힘, 능력, 축복이 되었기 때문입니다.

오늘 본문에 한 서기관이 예수님께 물었습니다.

"모든 계명 중에 첫째가 무엇이니이까?"

그러자 주님은 두 가지를 말씀하십니다.

"첫째는 하나님을 사랑하는 것이고, 둘째는 이웃을 사랑하는 것이다."

그러자 서기관이 예수님의 대답에 감동하면서 동의합니다. 예수님은 이 똑똑한 서기관을 보고 이렇게 말씀하십니다.

네가 하나님의 나라에서 멀지 않도다 (막 12:34)

네가 하나님 나라에 들어갔다고 말씀하지 않고 '멀지 않다' 말씀하십니다. 뭔가 아쉽습니다. 왜 이렇게 말씀하실까요? 지금 이 서기관은 하나님을 사랑하고 이웃을 사랑하는 삶을 살려고 하는 것이 아니라 단순히 예수님의 말씀에 지적인 동의를 하고 있기 때문입니다. 아는 것과 실제로 그렇게 사는 것은 전혀 다른 문제입니다.

자, 그러면 생각해 봅시다. 우리는 나를 사랑하는 하나님이 '너의 인생을 내게 다오.'라고 말씀하시면 부담이 됩니다. 하나님이 나를 위해 목숨까지 주었습니다. 그것은 고마운데 그렇다고 내 목숨까지 달라 하시니 마음이 불편해집니다. 예수님도 다른 인간들처럼 나를 이용하려고 하는 것이 아닌가 불신이 생깁니다.

예수님과 가까이 있으면 나는 없어지고, 착취되고, 버려지는 인생이 될 것 같아서 이런 하나님이 싫습니다. 그래서 적당히 신앙생활을 하게 됩니다. '나를 위해, 내 삶에 도움이 되기 위해 예수 믿지, 내가 예수를 위해 사는 것은 싫다.'는 마음이 강하게 작용합니다.

그런데 왜 하나님이 우리에게 하나님을 사랑하라고 하실까요? 하나님이 우리에게 목숨을 바쳐 사랑하셨으니까 우리도 그런 사랑을 하라고 요구하시는 걸까요? 하나님이 그 수준이라면 하나님도 나를 조건적으로 사랑하는 것입니다. 그렇게 생각하면 하나님이 나를 사랑하시는 것이 너무 부담이 됩니다.

그럼 왜 그런 요구를 하실까요? 결론부터 말씀드리겠습니다. 하나님을 사랑하는 것이 나에게 가장 큰 행복이기 때문에 그런 것입니다.

여러분, 생각해보십시오. 사람은 하나님의 형상을 따라 지음 받았습니다. 그런데 하나님의 형상, 하나님의 속성을 생각해 보십시오. 성경은 '하나님은 사랑이시라' 말씀합니다. 하나님의 본질, 속성 자체가 사랑이라는 것입니다. 그렇다면 하나님의 형상을 따라 지음 받은 우리는 어떨까요?

인간은 사랑을 받아야 살고, 사랑 안에 있어야 행복해집니다. 사랑 없이는 살 수 없는 것이 인간입니다. 이런 인간을 향해 하나님께서 주시는 계명이 하나님을 사랑하고 이웃을 사랑하라는 것입니다. 인간의 본질인 '사랑'을 회복해야 행복하다는 것을 하나님이 가장 잘 아시기 때문입니다.

태초부터 하나님은 우리를 사랑하셨습니다. 그런데 인간이 타락함으로 사랑을 잃어버렸습니다. 이것의 핵심은 인간이 이기적이 되었다는 것입니다. 사랑이 깨어지고 왜곡되어서 사랑의 방향이 잘못되고 대상이 잘못되어 그 결과 인생이 모두 파괴된 것입니다. 전적타락, 전적부패는 바로 사랑의 타락이요, 사랑의 부패인 것입니다.

인간의 모든 사랑은 다 이기적인 사랑이 되었습니다. 사람들이 사랑을 주는 것 같지만 실제로는 다 사랑을 받으려고 주는 것입니다. 이런 인간은 사랑을 나누어도 근본적으로 고독합니다. 이기적인 마음으로 내가 사랑받으려고 너를 사랑하기 때문에, 너도 나에게 그렇게 할 것이라는 불신이 있는 것입니다. 그래서 사랑을 나누어도 외롭습니다. 하나님은 이렇게 깨어진 인생을 회복시켜 주시려고 인생의 본질인 하나님을 사랑하라고 하시는 것입니다.

여기서 한 가지 더 생각할 것이 있습니다. 인생의 본질이 사랑이라면 사랑의 본질, 사랑의 핵심은 무엇일까요? 그것은 '주는 것'입니다. 받는 것이 아니라 주는 것입니다. 하나님께서 우리에게 먼저 사랑을 주셨습니다.

우리가 사랑함은 그가 먼저 우리를 사랑하셨음이라 (요일 4:19)

하나님은 나에게 마음껏 사랑을 주십니다. 그리고 나서 '내가 너에게 준 사랑을 나에게 좀 달라'고 하시는 것입니다. 참 놀라운 것은 사랑은 줄 때 더 사랑이 커지고 더 행복해진다는 것입니다. 하나님께 나를 드리면 하나님을 사랑하는 마음이 더 커집니다. 하나님이 더 사랑스럽고 더 좋아지는 것입니다. 사랑의 핵심이 주는 것이기 때문에 그렇습니다. 내가 누군가를 사랑하면 그 대상이 나를 지배합니다. 하나님을 사랑하면 하나님의 속성, 인격, 능력, 축복이 나를 지배하고 내 인생이 변화됩니다.

우리는 부모보다 자식을 더 사랑합니다. 부모에게는 사랑을 받으려고 하지만 자식에게는 사랑을 주려고 하다 보니 자식이 더 사랑스러운 것입니다. 사랑의 본질은 조건 없이 주는 것에 있기 때문에 내가 사랑을 줄 때 나의 사랑이 더 깊어집니다.

그런데 인간은 본래 한계를 가진 존재입니다. 그래서 내가 사랑을 주면서 또 사랑을 돌려받아야 계속 사랑을 할 수 있습니다. 이때 사랑의 능력이 점점 커지는 것입니다. 그래서 하나님은 우리에게 사랑을 주시면서 하나님을 사랑하라고 이야기하는 것입니다. 그때 우리 안에 하나님의 사랑이 강하게 흐르면서 더욱 커집니다. 하나님의 능력이 나를 지배합니다. 그 하나님의 능력을 받은 후에 이웃을 사랑하라는 것입니다.

그런데 이 과정이 쉽지 않습니다. 하나님을 사랑하거나 이웃을 사랑할 때 자꾸 손해 보는 것 같고 억울합니다. '내가 늘 받기만 하면 더 좋을 텐데……'라는 이기심이 작동합니다.

인간관계가 성숙해가는 데도 단계가 있습니다. 하나님도 인격적인 분이기 때문에 하나님과 우리의 관계에도 성숙의 단계가 있습니다. 그 것은 다음 그림과 같이 호기심 → 애정 → 열애 → 갈등 → 성숙의 단계를 거칩니다.

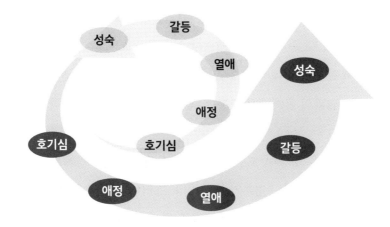

처음에 하나님을 만났을 때 하나님에 대해 감동합니다. 그래서 하나님을 더 알고 싶은 마음이 생깁니다. 호기심단계입니다.

점점 하나님을 알아갈수록 하나님이 좋아지고 교회에 오는 것이 좋아집니다. 애정단계입니다.

그러다가 하나님께 푹 빠져 하나님께 자신을 드리는 헌신의 단계에 이르게 됩니다. 열애단계입니다.

그런데 열애를 하고 나면 반드시 갈등이 오게 되어 있습니다. 왜 하나님과의 관계에 갈등이 오는 줄 아십니까? 내가 하나님을 사랑하지 않고 하나님께 사랑을 받고 싶은 마음이 자꾸 일어나기 때문입니다. 내가 하나님께 사랑을 드리기보다 사랑을 받는 데 관심을 갖기 시작하면 갈등이 생기는 것입니다. '내가 아무것도 안 하더라도 하나님은 나를 축복해 주셔야 해요.'라고 어린 아이처럼 퇴행하거나 이기적이 됩니다.

이때 하나님이 나를 훈련시킵니다. 하나님은 내가 원하는 대로 해 주지 않습니다. 나를 위하시기 때문입니다. 그러면 하나님이 원망스럽고, 하나님이 나를 사랑하지 않으시나 오해하게 되는 것입니다. 인간관계에서 갈등은 나에게도 잘못이 있고 너에게도 잘못이 있습니다. 그러나 하나님과의 관계에서 갈등은 100% 내 잘못 때문에 옵니다.

보통의 경우 갈등이 오면 잘 해결하지 못해서 성숙단계로 가지 못하고 관계가 깨어지는 경우가 많습니다. 그러나 하나님과 갈등이 생겼을 때 회피하거나 묻어두지 말고 갈등에 직면해야 합니다. 내가 하나님에 대해 오해하고 있는 것이 무엇인지, 고집부리고 있는 것이 무엇인지, 전부 내 문제라는 것을 생각하고, 내 문제가 무엇인지 찾아야 합니다.

그때 하나님께 솔직하게 내 마음을 말씀드리고 은혜를 구하면 한 단계 더 성숙한 만남을 갖게 되는 것입니다. 하나님의 사랑이 더 깊이 느껴집니다. 하나님이 더 좋아집니다. 그때 하나님이 준비한 축복을 받게 됩니다.

이런 과정은 한 번으로 끝나지 않습니다. 일생을 통해 여러 번 반복이 됩니다. 그러면서 하나님과의 관계가 점점 깊어지고 아름다워지며 하나님의 사랑을 온전히 신뢰하게 되는 것입니다. 그러므로 하나님과의 관계에 어려움이 생겨도 낙심하거나 놀라지 마십시오. 하나님을 더 깊이 알아가기 위한 과정일 뿐입니다.

하나님을 사랑하면 하나님의 사랑을 더 강하게 경험하게 됩니다.

그때 내가 세상을 지배하고 사람을 지배하고 온 우주를 지배하는 능력자가 됩니다. 진정 행복한 사람이 됩니다.

하나님의 사랑을 경험하는 성도 되시길 바랍니다.

그래서 그 하나님께 내 인생을 온전히 드리는 성도가 되시길 축원합니다.

사랑하면 행복해집니다

⑦ 먼저 그의 나라와 그의 의를 구하라
(마 6:33)

33. 그런즉 너희는 먼저 그의 나라와 그의 의를 구하라 그리하면 이 모든 것을
너희에게 더하시리라

성공학의 대가인 데일 카네기는 『근심이여 안녕』 이라는 책에서
"근심, 곧 염려와 싸우는 방법을 모르는 사람들은 일찍 죽는다."고 말
하였습니다. 옳은 말입니다. 우리들의 신앙을 좀먹는 것도 이 염려입
니다. 나의 현실은 그런대로 괜찮습니다. 그런데 세상의 분위기가 비
관적이면 온갖 부정적인 생각이 스쳐갑니다. 그래서 걱정하고 염려하
느라 온 에너지가 다 빠져 버려 힘도 안 나고 더 이상 기도할 의욕도
없고 믿음도 없어집니다.

'염려하다'라는 단어의 의미는 '마음이 나뉜다'는 뜻을 가지고 있
습니다. 우리 생명 에너지가 나뉘어 그 힘이 현저히 약화되고 맙니다.

염려는 부정적인 습관입니다. 염려는 현실을 부정적으로 해석하는 것입니다. 아직 일어나지도 않은 일인데 미리부터 걱정하는 태도입니다. 이렇게 염려하다 보면 삶의 에너지가 낭비되어 실제로는 아무것도 할 힘이 없습니다. 늘 무기력해지는 것입니다.

여러분, 사람이 언제 염려하게 될까요?

자신의 삶을 지키려는 안전심리, 자기만을 위해 잘 먹고 잘 사는 자기보호의 삶을 꿈꾸면 그때부터 염려하게 됩니다. 안 되면 어떡하나 하는 불안과 염려가 일어납니다.

그러나 비전과 꿈을 위해 사는 사람, 도전적인 사람, 생의 목적의식이 분명한 사람, 하나님의 뜻을 위해 살려고 하는 사람은 염려가 없습니다. 염려할 시간이 없습니다. 내 생애 가장 중요한 목적이 나를 지배하기 때문입니다.

그러므로 염려를 버리는 길은 하나님을 선택하는 것입니다. 인생 최고의 목적, 최고의 가치는 하나님입니다. 하나님을 위해 사는 인생은 염려하지 않습니다. 어떻게 하면 충성할까 끊임없이 목적을 위해 노력하기 때문에 염려가 없어집니다. 내가 뭘 먹고 살까 하는 생각 자체가 없습니다.

하나님을 위해 살기 때문에 하나님이 필요한 모든 것을 다 채워주십니다. 하나님은 우리가 염려를 버리고 하나님만 의지하도록 예를 들어 설명하십니다. 마태복음 6장을 보면 새와 들풀로 설명합니다. 저

공중의 하찮은 새 한 마리, 오늘 있다가 내일 아궁이에 땔감으로 던져지는 들풀도 돌보아주시는 하나님이십니다. 그리고 그 하나님 아버지가 바로 나의 아버지이십니다.

그러니 뭐가 걱정입니까? 나를 사랑하시고 나를 돌보시며 나를 지켜주시는 전능하신 하나님이 나의 아버지이십니다. 그러므로 염려할 필요가 없습니다.

마태복음 6장 27절에 보면, "너희 중에 누가 염려함으로 그 키를 한 자라도 더할 수 있겠느냐"라고 했습니다. 염려하고 걱정해서 키가 크거나 건강이 좋아진다면 염려할 가치가 있습니다. 그러나 염려하면 할수록 건강만 해칠 뿐더러 삶이 불행해집니다.

염려할 일도 아닌데, 앞으로 다가올 일을 미리 염려하는 사람들이 있습니다. 그래서 예수님께서 이렇게 말씀하십니다.

그러므로 내일 일을 위하여 염려하지 말라 내일 일은 내일이 염려할 것이요 한 날의 괴로움은 그날로 족하니라 (마 6:34)

예수님께서는 천국 백성들의 윤리를 말씀하시면서 "목숨을 위하여 무엇을 먹을까 무엇을 마실까 몸을 위하여 무엇을 입을까 염려하지 말"고 하셨습니다. 사람들은 말합니다. 사람이 육신적 삶을 살아가는데 먹고, 마시고, 입는 의식주 문제보다 더 중요한 것은 없다고 말합니다. 맞는 말 같지만 틀렸습니다.

왜 그럴까요? 천국백성에게는 하나님이 삶의 근본이 되시기 때문입니다. 음식이나 의복 등 모든 것을 하나님이 허락하셔야 합니다. 하나님이 공급하심을 알기 때문입니다. 그리고 더 중요한 우리의 목숨, 즉 영원한 생명까지 하나님이 허락하시는 것임을 알기 때문입니다. 염려는 삶의 우선순위가 분명해지는 순간 물러갑니다.

그런즉 너희는 먼저 그의 나라와 그의 의를 구하라 그리하면 이 모든 것을 너희에게 더하시리라 (마 6:33)

지금 예수님께 이 말씀을 듣는 대상은 부자가 아닙니다. 가난한 사람들입니다. 빈민지역에 사는 갈릴리 사람들입니다. 매일 먹고 사는 문제가 가장 고민이 되는 사람들에게 이렇게 말씀하신 것입니다.

'염려하지 말고 먼저 하나님의 나라와 그 의를 구하라. 그리하면 먹고 사는 모든 문제는 하나님이 책임져 주신다.'

먼저 하나님의 나라를 위해서 살고 하나님의 뜻대로 살게 해달라고 기도하면, 그 기도에 응답하십니다. 뿐만 아니라, 우리가 구하지 아니한 것까지도 주신다는 것입니다. 우리에게 있어야 할 것을 다 아시는 하나님께서 이 모든 것을 더해 주신다는 것입니다.

예수님이 너무 심하게 말씀하시는 것 아닌가하는 생각이 들 수 있습니다. 가난한 백성들에게 먼저 먹고 사는 문제를 해결해 주시고 그 다음에 '그의 나라와 그의 의를 구하라'고 말씀하시지, 왜 먼저 그의 나라와 그의 의를 구하라고 말씀하시는지 참 답답한 마음이 들 수 있는 것입니다.

하지만 생각해보십시오. 인간의 욕심은 끝이 없습니다. 맛이 있는 것을 많이 먹으면 배부릅니다. 배는 부른데 더 먹고 싶은 욕구는 남아 있습니다. 인간의 욕구는 그렇습니다. 채워도 채워도 끝이 없습니다. 뿐만 아니라 현실의 삶은 항상 문제가 있습니다.

먹는 문제가 해결되면 입는 문제가 대두되고, 입는 문제가 해결되면 공부하는 문제가 대두되며, 공부하는 문제가 해결되면 취직이나 결혼문제가 대두되고, 취직이나 결혼문제가 해결되면 건강문제가 대두됩니다. 이렇게 우리의 인생살이는 끊임없는 문제의 연속입니다.

우리의 삶은 욕구와 문제들이 끊임없이 일어납니다. 이 문제들을 다 해결하고 난 다음에 그의 나라와 그의 의를 구하며 살아가는 것은 불가능한 일입니다. 그러므로 염려하지 않을 수 있는 비결은 내 욕망을 채우거나 삶의 문제를 해결하기에 앞서 먼저 하나님을 선택하는 것입니다. 그러면 하나님께서 내 삶의 욕구를 채워주시고 내 문제들을 해결해주십니다.

우리는 내 몸의 주인, 내 인생의 주인이 누구인지를 아는 사람입니다. 그러므로 내 인생의 주인 되신 하나님께서 나를 책임져주신다는 사실을 믿어야 합니다.

그러면 '그의 나라와 그의 의를 구한다'는 것이 무엇일까요? 하나님의 나라, 하나님의 의를 추구하며 사는 것입니다. 하나님의 나라는 하나님의 다스림을 말합니다. 우리 마음, 우리 가정과 사회, 온 땅에 하나님의 다스림이 임하도록 하는 것이 우리의 제일 우선순위가 되게 하라는 것입니다. 자신의 삶의 전 영역의 모든 소유권과 주권이 그리스도에게 있음을 인정하는 삶을 사는 것입니다. 즉 하나님을 위해 사는 것이며, 하나님을 우선 순위로 섬기는 것입니다. 이보다 더 중요한 일은 없습니다.

그렇다면 왜 우리가 하나님을 먼저 섬겨야만 할까요? 하나님은 우리를 지으신 창조주이시기 때문입니다. 또 우리를 구원하신 구세주이시기 때문입니다. 우리 인생의 주인 되신 아버지이십니다. 그래서 하나님을 먼저 섬기는 것은 당연한 일입니다.

구약성경에 보면 여호수아도 이스라엘 백성들에게 하나님을 섬길 것을 촉구했습니다. 이스라엘 백성이 가나안 정복 이후 땅을 분배받고, 전쟁이 그치며 이곳저곳에 마을과 도시가 형성되어 안정감을 찾아가고 있었습니다.

인간은 배가 부르고 만족스러울 때 타락합니다. 이스라엘 지도자와 백성들이 가나안의 새로운 문화를 접하면서 이방문화와 우상에 대한 묘한 호기심과 매력까지 느끼면서 점점 하나님을 멀리하였습니다.

여러분, 세상이 재미있다면 신앙적 위기입니다. 이러한 이스라엘을 향하여 여호수아는 인생 말년에 그의 유언이라고 할 수 있는 마지막 설교를 외치게 됩니다.

…너희가 섬길 자를 오늘 택하라 오직 나와 내 집은 여호와를 섬기겠노라 하니 (수 24:15)

너희 섬길 자를 오늘 택하라! 선택과 결단의 기회가 언제입니까? 내일이 아니요, 내년이 아니요, 오늘입니다. 오늘이란 긴박성을 강조한 말씀입니다.

"보라 지금은 은혜 받을 만한 때요 보라 지금은 구원의 날이로다."

여기에 선택의 긴박성이 있습니다.

지옥에서 사람을 유혹하는 데 가장 성공하여 금메달을 딴 마귀가 '차차 마귀'라고 하지 않습니까?

"서두를 것 없다. 천천히 해라. 내일 하면 된다."

"예수 믿어. 그런데 차차 믿고, 차차 헌신해. 차차 해."

차차 마귀가 일등을 했답니다.

미국의 유명한 지도자 케네디가 대통령에 당선된 후 아이젠하워 전 대통령을 찾아가서 자문을 받게 되었습니다. 그때 아이젠하워는 젊은 새 대통령에게 이렇게 말했다고 합니다.

"당신의 임무는 결단해야 할 때에 결단하는 것이오."

인생의 기회는 우리가 결단하기까지 언제나 기다려 주는 것이 아닙니다. 신속하게 바른 결단을 하는 사람만이 기회를 포착해서 남을 앞서가는 지도자가 될 수 있습니다. 너희 섬길 자를 오늘 택하라고 선포한 여호수아는 주저하지 않고 자기의 선택을 고백합니다.

"오직 나와 내 집은 여호와를 섬기겠노라"

우리의 삶은 선택만큼 행복하고 선택만큼 삶의 질이 높아집니다. 언제나 우리는 이렇게 고백하십시다.

"나와 내 집은 오직 하나님만 섬기겠다."

아침마다 일어나 이 결단을 확인하십시다.

하나님을 섬기는 것에는 여러 차원과 여러 방법이 있습니다. 그러나 오늘 말씀에서 보면 하나님을 섬기는 것은 곧 영혼 섬김이라고 볼 수 있습니다. 먼저 하나님의 나라와 그 의를 구하는 것은 하나님 아버지의 마음으로 영혼을 사랑하는 것입니다.

> 예수께서 이르시되 네 마음을 다하고 목숨을 다하고 뜻을 다하여 주 너의 하나님을 사랑하라 하셨으니 이것이 크고 첫째 되는 계명이요 둘째도 그와 같으니 네 이웃을 네 자신 같이 사랑하라 하셨으니 (마 22:37-39)

하나님을 사랑하는 것은 영혼을 사랑하는 것으로 나타납니다.

> 여인이 어찌 그 젖 먹는 자식을 잊겠으며 자기 태에서 난 아들을 긍휼히 여기지 않겠느냐 그들은 혹시 잊을지라도 나는 너를 잊지 아니할 것이라 (사 49: 15)

포기하지 아니하시고 끝까지 찾으시는 아버지로서의 하나님의 모습은 성경 전체에 흐르고 있는 일관된 모습입니다. 그러므로 영혼을 사랑하는 것은 하나님의 뜻이며 사람을 위한 가장 위대한 일입니다.

영혼을 가장 사랑하는 길은 예수 모르는 영혼을 주님께로 인도하는 것입니다. 영혼들을 하나님 앞으로 인도해서 구원받게 하는 일은 너무나 시급한 일입니다. 이것은 우리 그리스도인들에게 주어진 지상의 명령입니다. 예수님이 승천하시면서 마지막으로 유언처럼 하신 말씀이 바로 전도하는 일입니다.

> 너희는 가서 모든 민족을 제자로 삼아 아버지와 아들과 성령의 이름으로 세례를 베풀고 내가 너희에게 분부한 모든 것을 가르쳐 지키게 하라 볼지어다 내가 세상 끝날까지 너희와 항상 함께 있으리라 하시니라 (마 28:19-20)

우리는 천하보다 귀한 한 영혼을 주님께로 인도하기 위해 기도하고 그들을 교회로 인도해야 합니다. 한 영혼을 주님께로 인도하기 위해 진실한 사랑이 필요합니다. 먼저 사랑의 전달이 있어야, 사랑의 감동이 있어야 신앙을 가져보고 싶은 마음이 일어납니다.

그래서 우리 가족을 전도하거나 자녀를 이끌 때 나의 진실, 나의 인격을 가지고 저들에게 감동을 주어야 합니다. 우리가 이런 진실한 사랑과 인격을 배우려면 나를 사랑하셔서 목숨을 내어주신 예수님을 자주 묵상하며 그분의 제자로서 살려고 몸부림칠 때 이런 변화가 일어납니다.

마태복음 8장에 보면 예수님께서 가다라 지방에 가십니다. 그곳에 귀신 들린 사람 둘이 무덤가에 사는데 너무 사나워서 아무도 그 길로 지나가지 못할 정도였습니다. 그런데 이 사람들이 예수님을 만났습니다. 그러자 그들 안에 있던 귀신들이 예수님께 호소합니다.

> 이에 저희가 소리질러 가로되 하나님의 아들이여 우리와 당신과 무슨 상관이 있나이까 때가 이르기 전에 우리를 괴롭게 하려고 여기 오셨나이까 하더니 마침 멀리서 많은 돼지 떼가 먹고 있는 지라 귀신들이 예수께 간구하여 가로되 만일 우리를 쫓아 내실찐대 돼지떼에 들여 보내소서 (마 8:29-31)

귀신들은 그 사람에게서 나오는 대신 자신들이 돼지 떼에게로 들어가게 해 달라고 예수님께 사정을 했습니다. 마가복음에 같은 이야기가 있는데 거기에는 돼지의 수가 거의 이천 마리라고 나와 있습니다.

지금 귀신들이 하는 말은 이 귀신 들린 인간을 위하여 수천 마리의 돼지를 버릴 수 있겠는가, 수천 마리의 돼지냐 이 귀신들린 사람이냐라는 선택을 촉구하는 말입니다. 예수님은 조금도 망설이지 않으시고 그것을 허락하셨습니다.

그러자 귀신들이 그 사람들에게서 나와 돼지에게로 들어갑니다. 이 돼지들이 미쳐 날뛰며 비탈길을 내달리더니 모두 바다에 빠져 몰사했습니다. 그 대신 귀신 들렸던 사람은 온전해졌습니다. 예수님은 귀신 들려 아무 짝에도 쓸모없는 그 사람을 위해 돼지 수천 마리를 아까워하지 않으셨습니다. 예수님에게는 그 한 사람이 돼지보다, 온 천하보다 귀한 존재였기 때문입니다.

하나님에게는 우리가 천하보다 귀한 존재 정도가 아니라 당신의 생명보다 귀한 존재로 보셨습니다. 그래서 죄인인 나를 위해 돼지 떼를 내어주신 정도가 아니라 십자가에서 자신의 목숨을 내어주셨습니다. 그러므로 하나님이 가장 기뻐하시는 것은 하나님이 사랑하는 사람을 우리도 사랑하는 것입니다.

나의 인생관, 내 삶의 철학이 예수님의 이 가치에 동의되어야 합니다. 그때 내 인생은 변합니다. 기적을 만들 것입니다. 하지만 이 소식을 마을 사람들이 듣고 예수님께 와서 뭐라고 합니까?

온 시내가 예수를 만나려고 나가서 보고 그 지방에서 떠나시기를 간구하더라 (마 8:34)

그들은 사람에게 관심이 없습니다. 자기 재산에만 관심이 있습니다. 그래서 더 큰 피해가 있기 전에 예수님을 쫓아내려는 것입니다.

여러분, 나와 아무 상관도 없는 사람을 위해 내 재산을 한 순간 다 잃어버려야 한다면 아무리 한 영혼이 귀하다 한들, 허락할 수 있겠습니까? 쉽지 않은 일입니다 그러나 이런 가치관을 가져야 삶이 강력해집니다.

예수님은 지금 돼지 주인에게 허락도 안 받고 물어보지도 않았습니다. 소송을 걸면 당연히 돼지 주인이 이길 것입니다. 합리적으로 생각하면 쓸데없는 짓을 한 것입니다. 동네사람들에게 당연히 쫓겨날 일입니다.

또 다른 생각이 일어납니다.

'아니, 군대 귀신을 잘 구슬러서 돼지에게 들어가지 않고 그냥 무저 갱으로 들어가게 할 수는 없었을까?' 누가복음 8장에 보면 같은 내용 이 나오는데 귀신이 예수님께 부탁하기를 "무저갱으로 들어가라 하지 마시기를 간구"합니다. 예수님은 지금 당장이라도 귀신을 가두는 무 저갱으로 집어넣을 수 있지만 마지막 때까지 참으십니다.

그런데 왜 돼지주인에게 허락도 안 받고 이런 엄청난 일을 승낙하 셨을까요? 돼지 주인의 삶은 중요하지 않단 말입니까? 쫄딱 망해버리 면 그는 뭘 먹고 삽니까? 예수님은 인간의 행복을 원하신다면서 왜 이 런 일을 하신 것일까요?

주님은 성경을 읽는 모든 사람에게 분명한 메시지를 주고 싶으셨 던 것입니다. 그것은 세상에 그 어떤 것보다 사람이 귀하다는 것을 행 동으로 보여주기 원하신 것입니다. 우리의 가슴에 분명히 새겨지기를 원하신 것입니다. 우리는 사람을 사랑하는 마음이 작습니다. 사람보다 돼지 즉 돈을 더 사랑합니다.

사람 구원하는 것보다 자기의 생업에 더 마음이 있지 않습니까? 여 러분, 돼지 주인의 눈에 그 미친 사람이 보이지 않았겠습니까? 자기 돼지가 있는 곳에 살고 있었으니 분명히 알고 있었습니다.

아니, 온 동네사람들이 다 알고 있었습니다. 그런데 그에게는 그가 단순히 미친 사람일 뿐이었습니다. 자기 삶을 풍요롭게 해주는 돼지의 가치와 비교할 수도 없는 아무짝에도 쓸모없는 사람일 뿐이었습니다. 생업과 미친 사람 중에 무엇이 더 중요합니까? 우리라고 큰 소리 칠 수 있겠습니까?

이렇게 먹고 사는 일에 매어있는 이 세상을 향해 예수님은 도전하고 계신 것입니다. 그래서 아무런 양해도 구하지 않고 돼지 떼를 몽땅 죽이신 것입니다.

예수님은 마태복음 6장 31절-33절에서 분명히 말씀하셨습니다.

> 그러므로 염려하여 이르기를 무엇을 먹을까 무엇을 마실까 무엇을 입을까 하지 말라 이는 다 이방인들이 구하는 것이라 너희 하늘 아버지께서 이 모든 것이 너희에게 있어야 할 줄을 아시느니라 그런즉 너희는 먼저 그의 나라와 그의 의를 구하라 그리하면 이 모든 것을 너희에게 더하시리라 (마 6:31-33)

그리고 그 말씀을 증명이라도 하듯이 8장에서 먹고 마시는 문제가 얼마나 하찮은 것인지를 보여주고 계십니다. 하나님의 나라와 그의 의를 구하는 것이 가장 우선이라는 것입니다. 하나님 나라의 의는 사람을 구원하는 것입니다. 인간이 하나님의 형상을 회복하게 하는 것입니다. 하나님의 자녀다운 삶의 모습을 갖게 하는 것입니다. 천국의 삶을 이 땅에서 연습하게 하는 것입니다.

그것에 비해서 먹고 마시는 문제는 하찮은 것이라는 것입니다. 하지만 그것까지 하나님은 도우시는 것입니다.

먹고 사는 것을 염려하십니까? 염려는 하나님의 나라와 그의 의를 구하는 순간 사라집니다.

"너희는 먼저 그의 나라와 그의 의를 구하라 그리하면 이 모든 것을 너희에게 더하시리라"

이 말씀이 바로 하나님의 약속입니다.

하나님 일을 가장 우선으로 알고 행하면 우리에게 필요한 먹을 것, 마실 것, 입을 것은 다 책임져주시는 사랑의 하나님을 만나게 됩니다.

먼저 그의 나라와 그의 의를 구할 때 모든 것을 공급해주십니다.

이렇게 하나님 중심의 삶을 살 때, 우리 삶의 모든 영역에서 축복을 누리게 됩니다.

하나님의 약속을 믿고 먼저 하나님을 선택하는 성도가 되시기를 축원합니다.

3부 하나님을 사랑하는 자에게 오는 행복

심
수
명
목
사

사
랑
설
교
집

사랑하면
행복해집니다

예수님의 사랑 안에서 안식하는 행복
(마 11:28-30)

28. 수고하고 무거운 짐 진 자들아 다 내게로 오라 내가 너희를 쉬게 하리라
29. 나는 마음이 온유하고 겸손하니 나의 멍에를 메고 내게 배우라 그리하면
    너희 마음이 쉼을 얻으리니
30. 이는 내 멍에는 쉽고 내 짐은 가벼움이라 하시니라

인간이 처음 죄를 범했을 때 수고를 해야 되는 고통이 시작되었습
니다. 죄를 범한 첫 사람, 아담에게 하나님은 이렇게 말씀하십니다.

너는 네 평생에 수고하여야 그 소산을 먹으리라 (창 3:17)

이 수고는 단순한 노동을 의미하는 말이 아닙니다. 고통스러운 노
동입니다. 그리고 하와에게는 뭐라고 말씀하십니까?

임신하는 고통을 크게 더하리니 네가 수고하고 자식을 낳을 것이
며 (창 3:16)

자식을 낳는 것이 징계가 아니라, 자식을 낳을 때 따라오는 고통이 징계입니다. 만약 인간이 죄를 범하지 않았다면 여성들은 아주 즐겁게 자녀를 낳았을 것입니다. 성경은 노동 그 자체를 귀하게 생각합니다. 그런데 노동이 힘들어진 것은 죄로 인한 결과 때문인 것입니다. 인생에 아픔과 고통, 무거운 짐이 생긴 것은 죄 때문입니다. 이것이 타락의 결과입니다.

그래서 러시아의 위대한 작가 도스토예프스키는 그의 작품 속에서 이런 말로 자신의 심정을 토로하고 있습니다.

"죄인에게는 산다는 것 자체가 힘겹고 버거운 일이다."

그렇습니다. 우리의 죄 문제가 해결되지 않으면, 삶의 안식은 결코 주어지지 않습니다.

세상 사람들은 경쟁하고 착취하고 이용하고 죽이려고 혈안이 되어 있습니다. 그러나 주님은 우리를 사랑으로 인도하십니다. 주님의 사랑을 배우고 그 사랑에 함께 동참할 때 쉼과 안식, 행복을 얻게 됩니다. 인간이 스스로 해결할 수 없는 이 쉼의 문제를 해결하기 위해 예수님께서 이 땅에 오셨습니다.

이사야 선지자는 이사야 53장 4절에서 "그는 실로 우리의 질고를 지고 우리의 슬픔을 당하였다"라고 말씀하십니다. 예수님께서는 인간이 지고 있는 수고와 짐의 문제를 해결하기 위해서 이 땅에 오신 것입니다.

즉 죄로 인해 행복을 잃어버린 인생에게 행복을 선물하십니다. 그래서 오늘날 여전히 수고하고 무거운 짐을 진 채 허덕이면서 사는 인생의 순례자들에게 그분은 이렇게 초청하십니다.

> 수고하고 무거운 짐 진 자들아 다 내게로 오라 내가 너희를 쉬게 하리라 (마 11:28)

이것이 그분의 초대입니다. 세상 어디에도 인생에게 행복을 주는 곳은 없습니다. 예수님 안에서만 행복이 있습니다. 그래서 주님은 엉뚱한 곳에 가서 쉼을 구하지 말고 내게로 오라고 말씀하십니다. 나의 사랑 안에서 안식하라고 하십니다. 진정한 쉼은 예수님의 품 안에서 쉬는 것입니다.

예수님께서는 우리에게 어떠한 쉼을 말씀하고 계실까요?

> 나는 마음이 온유하고 겸손하니 나의 멍에를 메고 내게 배우라 그리하면 너희 마음이 쉼을 얻으리니 이는 내 멍에는 쉽고 내 짐은 가벼움이라 하시니라 (마 11:29-30)

본문을 보면 주님은 단순히 내게 배우라고 말씀하시는 것이 아니고 '나의 멍에를 메고 내게 배우라' 말씀하시고 이어서 '내 멍에는 쉽고 내 짐은 가볍다' 하십니다. 멍에는 원래 괴롭고 힘든 것인데 주님은 당신의 멍에가 쉽다고 하시니 사실 잘 이해가 안 되고 믿어지지도 않습니다.

이 말씀을 들으면 자동적으로 드는 생각이 '멍에를 메는 것이 어려운데 이게 뭐가 쉽다는 것이 거지?'라는 질문이 일어납니다. 멍에는 쉼이 아니라 오히려 우리를 힘들게 하는 느낌이 듭니다.

그래서 생각해 보아야 합니다. 주님은 무식한 분이 아니요, 거짓말을 하시는 분도 아닙니다. 그렇다면 정말 예수님의 멍에가 쉬운 것이기 때문에 그렇게 말씀하신 것일 텐데 그것이 무엇일까 알아보고 싶은 마음과 믿음의 시각을 가지고 생각해보아야 합니다.

주님의 멍에를 메고 주님께 배우면 마음이 쉼을 얻을 것이라고 약속하십니다. 먼저 멍에가 쉽다는 말은 멍에가 잘 맞는다는 의미입니다. 멍에는 본래 소를 위해 만들어진 것입니다. 소가 얼마나 효과적으로 일을 할 수 있는가 하는 것은 멍에를 얼마나 소에게 잘 맞게 만들어졌느냐에 달려 있습니다. 그래서 소의 사이즈를 먼저 측정하고 소의 크기에 따라서 멍에를 만듭니다. 자신에게 꼭 맞는 멍에를 맨 소들은 그 멍에가 결코 짐이 아닙니다. 그 멍에는 일을 효과적으로 할 수 있도록 돕는 도구인 것입니다.

이 멍에를 소가 아니라 우리의 삶에 적용해 본다면, 멍에는 생활방식이요, 가치관입니다. '멍에를 함께 한다'는 말은 스승과 제자의 관계를 나타내던 유대인의 관용적 표현입니다. 우리가 예수님의 제자라면 예수님과 함께 멍에를 지고 예수님이 이끄시는 대로 따라가는 것입니다. 그리고 예수님의 멍에는 '예수님의 생활방식, 가치관, 습관'이므로 주님의 멍에를 맨다는 것은 주님의 방식과 가치관을 나의 것으로 받아들이는 것을 의미하는 것입니다.

그렇다면 예수님의 멍에는 무엇일까요? 예수님의 멍에는 십자가였습니다. 예수님의 멍에, 그 생활방식은 십자가를 사랑으로 받아들이는 것이었습니다. 주님은 십자가 멍에를 기쁘게 지시기로 작정하셨고 그 십자가를 사랑의 마음으로 잘 지셨습니다. 주님은 사랑과 용서와 의로움으로 멍에를 지셨습니다. 그 후에 안식을 얻으셨습니다. 멍에를 잘 매면 보람과 열매, 그리고 안식이 축복으로 주어지는 것입니다.

주님은 사랑하는 제자들에게도 자신이 안식을 얻은 그 방법을 알려주시고 싶으신 것입니다. 쉼을 얻기 위한 가장 좋은 방법이 바로 '내가 멍에를 맨 방식대로 너희도 멍에를 메는 것'임을 친절히 알려주시는 것입니다.

주님의 멍에를 맨다는 것은 십자가를 지는 것입니다. 주님의 십자가는 인류를 구원하기 위해 이 땅에 오셔서 죽으시는 것이었습니다. 우리의 십자가는 하나님께서 우리에게 맡기신 사명과 사랑의 짐을 감당하는 것입니다. 누구나 다 자기 십자가가 있습니다. 그래서 우리는 내 십자가는 내가 지려는 마음이 먼저 필요합니다.

십자가 멍에를 지심으로 얻은 주님의 안식은 무엇이었을까요? 그것은 아버지 하나님께서 영광을 받으시는 것과 인류가 구원 얻는 것을 바라보는 것이었습니다. 주님은 십자가를 지심으로 아버지를 기쁘게 하셨고, 온 인류를 구원함으로 인류의 생명을 얻으셨습니다.

이것이 우리 주님에게는 참 안식이셨습니다. 예수님이 십자가 멍에를 짐으로 성부 하나님이 기뻐하셨고, 온 인류도 예수님의 그 속죄함으로 인해 구원받아 예수님을 찬양하게 되었습니다. 바로 이것이 예수님의 안식이셨습니다.

쉼을 원하십니까? 안식을 원하십니까? 진정한 행복을 원하십니까? 예수님께로 나아가 예수님께서 지신 것처럼 각자의 멍에를 지고 따라 가보십시오. 그 멍에가 가장 쉬운 멍에요, 나에게 맞춰진 멍에인 것입니다.

이때 예수님의 사랑이 나를 덮으셔서 보호하시고 함께 하십니다. 어머니에게 온몸을 맡기고 편히 잠들어 있는 어린 아이처럼 그렇게 예수님의 사랑에 나를 맡겨보십시오. 그 기쁨과 평안함이 얼마나 큰지 모릅니다.

교회에 와서도 자신을 주님께 내어맡기지 못한 사람, 무거운 짐을 내려놓지 못한 사람들은 아직도 예수님의 가치관 즉 멍에를 배우지 못한 사람입니다. 그래서 예수님은 자신의 멍에인 십자가 사랑으로 사는 행복을 배우라고 말씀하는 것입니다. 내 가치관이, 인생의 목적이, 예수님께 결박당한 다음에야 우리는 진정한 행복, 진정한 안식을 누릴 수 있습니다.

여러분, 주님 앞에 나와 내 인생을, 내 인생의 문제들을, 나의 꿈을 모두 주님께 맡겨 보십시오. 주님께 나아오는 자는 죄의 짐이 풀어집니다. 질병의 짐이 풀어집니다. 가난의 짐이 풀어집니다. 절망의 짐이 풀어집니다. 그래서 교회는 절망과 낙심의 자리에서 일어나고 저주와 죽음의 자리에서 일어나는 곳입니다. 그래서 쉼이 있고 안식이 있고 행복이 있습니다.

하나님은 우리 인간에게 안식을 주시기 위해 천지를 창조하셨습니다. 천지창조의 클라이맥스가 안식이었음을 아십니까? 사람들은 보편적으로 안식에 관해서 '열심히 일한 후 피곤하니까 쉬는 것'으로 생각합니다. 그리고 쉼을 놀이와 연결지어서 생각합니다. 물론 놀이도 안식이 맞습니다. 그러나 진정한 안식은 비전을 위해 사는 것, 비전을 위한 삶을 산후에 보람을 얻는 것입니다.

하나님께서 창조 때 주셨던 안식의 의도는 단순히 쉼이 아니었습니다. 하나님의 창조사역에 있어서 완성이 안식입니다. 하나님의 창조 후 최초의 인간이 눈을 떴을 때 맞이한 첫째 날은 무슨 날이었습니까? 일곱째 날이었습니다. 안식일이었습니다. 다시 말해 사람은 먼저 쉬고 난 후에 일하도록 되어 있습니다. 일하고 피곤하니까 쉬는 것이 아닙니다. 하나님께서는 처음부터 인간에게 안식을 주셨습니다. 그 안식을 통해서 새로운 에너지를 얻게 하시고 그 에너지를 가지고 삶이 건강하고 행복하길 원하십니다.

하나님께서는 우리 성도들에게 안식을 주시기 원하십니다. 우리들은 안식을 얻어야 하는데 안식을 얻기 위해서는 사명을 감당해야 합니다. 그 사명은 사람마다 다 다르고, 때로는 힘이 들기도 하지만 도피하는 인생은 안식을 얻을 수 없습니다. 우리에게는 삶의 고난과 역경과 절망과 불안과 무거운 과제가 주어져 있습니다. 이 고난을 맞서 싸우고 극복할 때 행복과 비전과 즐거움을 얻을 수 있으며, 이때 우리에게 진정한 안식이 주어집니다. 이 일은 오직 예수 안에서만 가능해집니다.

진정한 안식은 주님이 우리에게 안식을 주시는 것이라기보다는 주님 자신이 우리의 안식이 되시는 것입니다. 주님이 주시는 안식은 세상이 주는 안식과 비교할 수 없을 만큼 확실합니다. 예수님은 십자가를 온전히 지심으로 이루신 안식과 영광을 우리에게도 주시고 싶어 하십니다. 결국 진정한 안식은 예수님의 길을 따르고 예수님의 멍에를 본받을 때 주어집니다.

쉼을 회복하기 위해서는 주님이 말씀하신 안식을 내 것으로 만들어야 합니다. 주님의 안식은 쉼을 얻게합니다. 그러므로 주님으로부터 안식을 배워야 합니다. 우찌무라 간조는 안식의 핵심을 다음과 같이 꿰뚫고 있습니다.

"나의 휴식은 예수 그리스도 안에 있다. 그리스도를 떠나서는 휴식이 없다. 산의 고요함이나 바다의 잔잔함도 그리스도를 떠나서는 나에게 휴식을 주지 못한다. 죽음의 공포가 완전히 가시고 죄의 가책이 완전히 없어지고서야 이 땅은 비로소 낙원으로 변한다. 그리스도와 함께 있는 것, 그것이 휴식이다. 비록 촌구석에 살더라도 그리스도와 함께 있을 때 세상은 찬미의 동산이다. 이 쾌락을 지니는 우리는 실로 행복한 자이다."

예수님이 우리의 안식이요, 우리의 영원한 쉼터입니다. 이 안식이 여러분과 함께 하시길 축원합니다.

인간이 쉼을 잃어버린 것은 바로 죄 때문이었습니다. 인생은 죄로 인해 타락하였고 죄에 중독된 존재입니다. 그러므로 진정한 쉼을 누리려면 예수님의 생활노선대로 살아야 합니다. 그것은 십자가 사랑입니다. 십자가 사랑이 우리를 살립니다. 십자가 사랑에 감동된 사람은 예수님의 멍에를 따라 살고 싶은 마음이 생깁니다.

예수님의 사랑에 중독되어 예수님의 생활노선대로 살기를 힘쓰고 진정한 쉼을 누리려면 사랑의 세 가지 흐름을 알아야 합니다.

첫째, 하나님을 사랑하는 것입니다. 이것은 하나님이 내 마음과 인격의 중심이 되는 것입니다. 마음, 목숨, 뜻, 힘을 다해 하나님을 사랑하는 것입니다. 하나님과 사랑에 흠뻑 빠져 하나님과의 관계를 자신의 영적, 심리적, 육체적 생활의 중심으로 삼게 됩니다. 그때 하나님의 인격, 능력, 축복이 내 삶에 흘러넘치게 됩니다.

모세가 하나님과 40일을 시내 산에서 함께 보냈습니다. 모세가 산에서 내려올 때 그 얼굴이 빛났습니다. 하나님을 사랑할 때 우리 삶에 하나님의 광채가 나타납니다. 하나님의 능력, 축복이 나와 함께 하시기 때문입니다.

사랑의 두 번째 흐름은 하나님이 나를 사랑하시는 그 사랑으로 내가 나를 사랑하는 것입니다. 타락한 인생은 철저히 자기중심적입니다. 내가 살기 위해 너를 죽입니다. 그렇게 되면 내가 죽습니다. 그러나 거듭난 하나님의 사람은 내 중심이 아니라 예수님 중심입니다. 예수님이 나를 사랑하시는 그 사랑으로 나를 사랑하고 나를 존중하고 나를 아낍니다. 이기적으로 나를 아끼는 것이 아니라 말씀에 순종하여 내가 나에게 실망하지 않고 인내합니다. 내가 나를 학대하지 않고 친절하게 대합니다. 하나님이 나를 용서하신 것처럼 내가 나를 용서합니다. 나를 스스로 괴롭히지 않습니다.

내가 누구입니까? 나를 위해서 하나님이 그 아들을 버리실 만큼 존귀한 존재입니다.

내가 누구입니까? 나는 하나님의 걸작이며 사랑받을 만한 가치와 이유가 있는 존재입니다. 하나님은 나를 위해 아들을 버리는 사랑을 하셨는데 내가 자기비하, 자기학대를 한다면 주님의 죽으심을 헛되이 하는 것입니다.

내가 누구입니까? 나의 미래, 비전, 행복을 믿어줄 만큼 나는 위대한 존재입니다.

"나는 할 수 있다. 나는 점점 잘 될 것이다. 나는 위대한 삶을 살 것이다."

사랑의 세 번째 흐름은 하나님의 사랑이 내 안에 충만함으로 인해 다른 사람을 사랑하는 것입니다. 이웃 사랑은 하나님의 말씀에 대한 순종이며, 자기 사랑의 완성입니다. 또 내가 이 땅에 존재하는 목적 중의 하나가 나의 이웃에게 하나님의 사랑을 나타내는 것입니다.

이웃 사랑의 방법은 이웃에 대한 존중입니다. 그리고 이웃이 선을 선택하도록 이끌어주는 것입니다. 선은 예수님을 알도록 복음을 전하는 것입니다. 또한 믿음 안에서 성장하도록 돕는 것입니다.

물에 빠진 사람을 건져주면 보따리 내놓으라고 합니다. 그러면 건져준 사람이 괜히 건져줬구나 후회를 합니다. 하지만 이것은 사람을 사랑하는 것을 잘 몰라서 그런 것입니다. 물에 빠진 사람을 사랑하려면 물에서 건져줄 뿐 아니라 보따리까지 준비해주어야 합니다. 보따리가 없으면 그는 살 수 없기 때문에 그가 살도록 하기 위해서는 옷도 준비해주고 돈도 준비해 주어야 합니다. 이것이 사랑입니다.

부모가 아이를 낳을 때 10달 동안 품고 수고하여 아이를 낳습니다. 그리고 아이를 잘 키우기 위해 돈과 시간과 생명을 바쳐서 최선을 다해 키웁니다. 그래야만 아이가 잘 자랍니다. 부모가 되어 아이를 잘 키우려면 자녀를 위해 자신의 모든 것을 다 바치는 희생이 요구됩니다. 이런 것이 바로 십자가 사랑입니다. 십자가 사랑의 멍에를 기쁘게 잘 멜 때 안식을 얻게 됩니다.

제게는 목회가 십자가 사랑의 멍에입니다. 저는 이 멍에를 기뻐합니다. 멍에를 잘 지면 안식이 커집니다. 어떻게 목회하면 하나님이 기뻐하시고, 또 성도들이 기뻐할까 연구합니다. 그래서 다니엘 세이레 기도회를 행복한 멍에로 지고 섬겼습니다. 이 멍에를 짐으로 제가 얻은 안식은 하나님이 저를 기뻐하시고 성도들이 행복해지는 것을 보는 것입니다. 이것이 저의 영광입니다. 앞으로도 더 잘 섬길 것입니다. 그것이 저의 행복이기 때문입니다.

일류 백화점은 서비스가 최고입니다. 예수님도 최고의 서비스맨입니다. 세상에 그보다 더한 서비스맨이 없습니다. 우리를 최고로 섬겨 주십니다. 저는 주님의 제자이기에 그렇게 살려고 합니다. 인간은 예수님처럼 전능하지 않기 때문에 늘 부족합니다. 그래서 자꾸 배우고 수정하려고 애를 써야 합니다. 그러기 위해 말씀을 묵상하고 기도하고 하나님을 바라보아야 하는 것입니다. 그때 최고의 안식, 기쁨, 행복이 있습니다.

하나님의 사랑 안에 안식이 있습니다.
그 안식은 영광, 보람, 기쁨입니다.
그 사랑 때문에 행복합니다.
이 안식의 축복으로 행복한 성도되시기를 축원합니다.

② 받은 사랑으로 사랑을 베푸는 행복
(마 5:38-48)

38. 또 눈은 눈으로, 이는 이로 갚으라 하였다는 것을 너희가 들었으나

39. 나는 너희에게 이르노니 악한 자를 대적하지 말라 누구든지 네 오른편 뺨을 치거든 왼편도 돌려 대며

40. 또 너를 고발하여 속옷을 가지고자 하는 자에게 겉옷까지도 가지게 하며

41. 또 누구든지 너로 억지로 오 리를 가게 하거든 그 사람과 십 리를 동행하고

42. 네게 구하는 자에게 주며 네게 꾸고자 하는 자에게 거절하지 말라

43. 또 네 이웃을 사랑하고 네 원수를 미워하라 하였다는 것을 너희가 들었으나

44. 나는 너희에게 이르노니 너희 원수를 사랑하며 너희를 박해하는 자를 위하여 기도하라

45. 이같이 한즉 하늘에 계신 너희 아버지의 아들이 되리니 이는 하나님이 그 해를 악인과 선인에게 비추시며 비를 의로운 자와 불의한 자에게 내려 주심이라

46. 너희가 너희를 사랑하는 자를 사랑하면 무슨 상이 있으리요 세리도 이같이 아니하느냐

47. 또 너희가 너희 형제에게만 문안하면 남보다 더하는 것이 무엇이냐 이방인들도 이같이 아니하느냐

48. 그러므로 하늘에 계신 너희 아버지의 온전하심과 같이 너희도 온전하라

시어머니의 구박으로 고통을 받고 있는 어느 여집사님이 있었습니다. 그 집사님은 명절만 되면 시댁에 가는 것이 두려워 몸이 아프기까지 했습니다. 어느 날 이 문제로 작정기도를 하는 중에 주님이 이렇게 위로하십니다.

"너도 시댁 때문에 힘들지만 시댁을 사로잡고 있는 마귀도 너 때문에 아주 괴로운 것을 알고 있니? 네가 잘 하고 있다."

사탄이 지금까지 시댁을 잘 점령했는데 이 며느리로 인해 시댁에 예수님의 영향이 점점 확대되니까 사탄이 너무 괴로운 것입니다. 그 사탄이 시어머니를 충동질하고 있는 것입니다.

그 후에 그 집사님은 시댁에 가는 것이 신이 났습니다. 시댁 문을 열고 들어갈 때 속으로 말했답니다.

'마귀야, 괴롭지? 내가 또 왔다'

시댁 갈 때 얼굴 표정이 바뀌고 시댁 가는 발걸음이 잦아지자 시어머니도 점점 사탄이 주는 그 부정적 영향에서 벗어나 이 며느리를 진심으로 사랑하게 되었습니다. 그리고 나중에는 시어머니도 교회에 나오게 되었습니다.

미움이 판을 치는 세상에서 용서와 사랑의 삶을 살기 위한 도전이 빛의 삶입니다. 모든 인간이 가지는 이기적인 욕심을 다스리며 조금씩이라도 나누어주는 삶은 놀라운 혁명의 시작입니다. 이렇게 마귀와 '반대정신'으로 살 때 좀 힘들기는 하지만 우리의 삶은 빛이 납니다. 마음은 행복하고 얼굴에 광채가 나는 것입니다.

오늘 본문은 산상수훈의 한 부분입니다. 산상수훈은 하나님의 사랑을 입은 자에게 말씀하시는 내용입니다. 사랑을 입지 않은 자는 본문 39절에서 '악한 자'로 표현되고 있습니다. 악한 자는 자기중심적이며 자기이익을 위해 살아가는 사람입니다. 이런 맥락에서 인간의 본성인 이기심을 가진 모든 자는 악인, 즉 죄인으로 지목됩니다. 이런 인생은 자기에게 조금만 손해가 와도 절대로 용납할 수 없고, 견딜 수 없이 괴로워합니다.

이것이 인생입니다. 이런 우리가 하나님의 사랑을 입었습니다. 그래서 하나님의 은혜가 우리 안에 흐르게 되었습니다. 그때부터 모든 것이 하나님의 것임을 점점 깨달아갑니다. 나는 아무것도 가지고 온 것이 없습니다. 하나님이 내게 사랑과 은혜를 주셔서 내 인생의 모든 것이 주어졌습니다.

먹을 것, 마실 것, 입을 것, 쓸 것, 집과 직장, 사랑을 주고받을 수 있는 모든 관계, 이 모든 것이 하나님이 나를 사랑하셔서 거저 주신 은혜임을 압니다. 이미 주셨고, 앞으로 또 주실 것입니다. 매일, 매순간 주실 것이기 때문에 쌓아두고 싶은 마음이 점점 없어집니다. 내일은 안 주시면 어떡하나 하는 불안한 마음에 챙겨둘 필요가 없습니다. 그렇다고 저축이 필요 없다는 이야기는 아닙니다. 미래에 대한 불안, 염려가 필요 없다는 것입니다. 늘 풍성했고, 늘 넉넉했습니다. 하나님이 또 내일 허락하실 것입니다.

구약의 만나를 보십시오. 매일 먹을 수 있는 만나가 하늘에서 내렸습니다. 다만 안식일에는 내리지 않기 때문에 그 전날 이틀 치를 거두었습니다. 이렇게 하나님이 매일 주시는데도 안 주시는 것처럼, 받을 수 없을 것처럼, 생각하고 산다면 얼마나 불행한 일입니까? 하나님이 내 인생을 근본적으로 책임지심을 믿으시길 축원합니다.

이렇게 하나님의 영원한 사랑, 영원한 용서를 입은 자는 사랑을 입지 않은 악한 자와 다른 삶의 원리, 즉 사랑의 원리로 살아갑니다. 그래서 악한 자를 대적하지 않으려 합니다. 오른 뺨을 치는 자에게 왼편도 돌려대려 합니다. 속옷을 달라는 자에게 겉옷까지 주는 것을 고민하게 됩니다. 오 리를 가자하면 십 리를 가 주려고 노력하게 됩니다.

이런 넉넉함은 다 하나님의 은혜로 인한 것입니다. 구하면 주려고 노력하고, 꾸고자 하면 거절하지 않으려 애쓰는 삶의 모습을 가지는 것입니다. 이런 사랑의 원리를 가르쳐주시는 주님은 우리에게 먼저 구약의 율법을 새롭게 해석해 주십니다.

> 또 눈은 눈으로, 이는 이로 갚으라 하였다는 것을 너희가 들었으나 (마 5:38)

이와 동일한 말씀이 구약에서 세 번이나 언급되었습니다. 그중 출애굽기의 말씀만 보겠습니다.

> 그러나 다른 해가 있으면 갚되 생명은 생명으로, 눈은 눈으로, 이는 이로, 손은 손으로, 발은 발로, 덴 것은 덴 것으로, 상하게 한 것은 상함으로, 때린 것은 때림으로 갚을지니라 (출 21:23-25)

이 율법은 어떻게 보면 잔인하고 야만적이고 무자비하게 보입니다. 그러나 앞뒤 문맥과 전체적인 뜻을 잘 보면 무서움이 아니라 평안과 위로가 느껴집니다. 왜 그럴까요? 이 말씀은 형벌을 제한하고 있기 때문입니다. 즉 내가 당한 그만큼만 되갚아 주도록 제한하고 있는 것입니다. 예를 들어, 어떤 사람이 피해를 받았다고 합시다. 재물과 육체의 손상까지 받은 그 사람은 억울하고 분해서 자기가 받은 그 이상으로 갚아주고 싶은 마음이 듭니다. 욕을 해도 한마디 더하고 미워해도 한 번 더 미워해주고 싶습니다. 성경은 나와 그를 보호하기 위해 네가 당한 것만큼만 갚아주라고 제한을 둔 것입니다. 합리적 접근이며 합리적 사랑입니다.

또한, 이 법은 하나의 민법으로서 절대로 남에게 손해를 끼쳐서는 안 된다는 일종의 경고를 주고 있는 것입니다. '이에는 이, 눈에는 눈'이라는 법을 볼 때 내가 남의 이를 부러뜨리는 일이 있으면 그 순간에 내 이도 부러져야 한다는 것을 생각하는 것입니다. 그렇게 되면 남의 이가 남의 이가 아닙니다. 남의 이를 부러뜨리는 순간 내 이도 부러져야 하니까 남의 이는 곧 내 이입니다. 이 사랑의 정신이 바로 법의 기초입니다.

따라서 이는 이로 갚으라는 말과, 네 형제를 네 몸과 같이 사랑하라는 말은 똑같은 의미입니다. 하나는 부정적이고 소극적인 표현이라면 또 하나는 긍정적이고 적극적인 표현으로 표현의 방법이 다를 뿐입니다.

이제 예수님은 보다 적극적으로 '눈은 눈으로, 이는 이로 갚으라'는 율법을 새롭게 해석하고 계십니다. 악한 자들, 자기중심적이며, 자기 이익을 위해 사는 사람들은 피를 흘리며 투쟁하고, 권모술수를 써가면서 자기의 권리를 주장합니다. 그러나 하나님의 사랑을 입은 자는 자기가 누려야 할 권리에 집착하는 욕심이 아주 적어집니다. 이미 우리가 받은 사랑과 은혜가 너무나 크고 놀랍기 때문이며, 또 앞으로도 영원히 그런 사랑을 누릴 것을 확신하기 때문입니다.

성도는 돈 버는 목적도 나 중심에서 예수 중심으로, 남을 돕기 위해 벌고 싶은 마음으로 바뀝니다. 즉 소유의 개념이 다릅니다. '내가 가지고 있는 재산이 필요한 사람이 있다면 함께 누려야 할 재산이다'라고 생각합니다. 나는 너를 위해 존재한다고 생각하는 사람입니다.

그래서 우리가 이번에 맹인수술을 돕고자 하는 것도 이런 원리에 서입니다. 또 전도를 위한 25인승 버스를 구입하는 것도 그렇습니다. 저는 개인적으로 교회가 버스를 가지는 것을 좋아하지 않습니다. 교회는 조금 불편하게 사는 것이 좋습니다. 그러나 정말 이동수단이 없는 성도나, 편안하게 교회 오고 싶어 하는 전도대상자를 위해 결심하게 됩니다.

하나님의 사랑을 입은 사람은 이렇게 넉넉한 가슴을 가지고 살아갑니다. 지금까지 우리가 쌓은 지식, 재물, 명예, 건강, 나의 영향력 등은 바로 이웃을 섬기기 위해 하나님이 우리에게 주신 것입니다. 이런 나를 위해 하나님이 늘 내 인생을 책임지시고 보상하시며 복 주실 것을 믿는 것입니다.

주님이 강조하고자 하신 것은 사랑을 받은 자로서, 사랑의 원리로 살아가라는 것입니다. 이것이 43-44절 말씀입니다.

> 또 네 이웃을 사랑하고 네 원수를 미워하라 하였다는 것을 너희가 들었으나 나는 너희에게 이르노니 너희 원수를 사랑하며 너희를 박해하는 자를 위하여 기도하라 (마 5:43-44)

그리고 원수 사랑에 대해 46-47절에 부연설명을 합니다.

> 너희가 너희를 사랑하는 자를 사랑하면 무슨 상이 있으리요 세리도 이같이 아니하느냐 또 너희가 너희 형제에게만 문안하면 남보다 더하는 것이 무엇이냐 이방인들도 이같이 아니하느냐 (마 5:46-47)

"너희가 그렇게 무시하고 경멸하는 세리와 이방인들도 다 그렇게 한다. 너희가 정말 하나님의 아들다운 삶을 살려면 그들의 삶의 수준을 넘어서야 하지 않느냐?"

그러면서 원수를 사랑하는 수준이 바로 우리가 살아야 할 수준이라고 말씀하십니다. 우리가 좁은 마음을 가지게 되면 사랑하는 데 있어서 그 대상을 골라서 사랑하게 됩니다. 내가 좋아하는 사람하고만 잘 지내고 싶습니다. 진정한 사랑은 사랑을 내게 돌려줄 수 없는 자도 사랑해보려 하는 것입니다.

45절은 우리가 "하늘에 계신 너희 아버지의 아들이 되리라"고 말씀하십니다. 제가 이번 추석선물을 준비하면서 이 말씀을 적용해 보기 위해 정말 미운 사람에게도 선물을 보냈습니다. 마음에 행복이 밀려옵니다. 하나님의 사랑을 받고 있는 아들의 모습을 보여주라는 것입니다.

아프리카 우간다의 어떤 교회에서 일어난 일입니다. 그 당시 우간다는 '이디 아민'이라는 악명 높은 독재자의 통치 아래 있었습니다. 이 나라에 케파 샘팡기라는 목사님이 계셨습니다. 이 분은 종종 정부의 불의에 대해 책망하는 설교를 하곤 했습니다. 그날 아침에도 7천명이나 되는 교인들이 부활절 주일 예배를 드리고 있었습니다. 설교를 마친 후 목사님이 교회 사무실로 들어섰을 때 5명의 비밀 경찰들이 그를 기다리고 있었습니다. 그들 중 한 사람이 "우리는 국가의 명령으로 반국가 사범을 처단하기 위해 왔소."라고 하면서 목사님에게 총을 겨누었습니다. 이때 목사님은 아주 담담하게 이런 부탁을 했습니다.

"오늘은 부활절 아침입니다. 나는 부활을 믿는 사람으로 죽는 것에 대해 전혀 두렵지 않지만 나에게 2분의 시간을 주신다면 잠시 주님께 기도를 드리고 생을 마무리하고 싶습니다."

2분의 시간을 허락받은 목사님은 기도를 시작했습니다.

"하나님 아버지, 우간다의 통치자 이디 아민을 용서해 주시옵소서. 그의 명령을 원하지 않으면서도 받들어야 하는 불행한 이 5명의 형제들을 용서해 주시옵소서. 우간다 국민에게 자유를 주시옵소서. 내 사랑하는 조국이 사랑의 땅과 의의 땅이 되도록 도와주옵소서. 나의 죽음으로 다시는 이런 비극이 이 땅에 되풀이되지 않도록 긍휼을 베풀어 주시옵소서."

그는 마지막 기도의 시간에 자신의 목숨을 위해 기도하지 않았습니다. 케파 샘팡기 목사님이 기도를 마쳤을 때, 목사님의 눈에 눈물이 흐르고 있었고 기도를 듣던

경찰들의 눈에서도 뜨거운 눈물이 흘렀습니다. 그때 경찰들 중 책임자가 목사님 앞에 털썩 무릎을 꿇으며 말했습니다.

"목사님, 죄송합니다. 우리가 큰 실수를 저지를 뻔 했습니다. 목사님은 피신하여 교회에 계시지 않는 것으로 보고하겠습니다. 빨리 이 자리를 떠나 주십시오."

이것이 하나님의 붙드심입니다. 하나님이 우리 인생을 책임지십니다. 저는 설교란 성경의 복음과 그 말씀을 삶에 적용하는 것에 초점을 두는 것이라고 생각합니다. 이런 맥락에서 정치에 대해 설교하는 것이 적절치 않지만 케파 셈팡기 목사님은 국민의 생명을 학살하는 정치에 대해 참을 수 없었나봅니다. 하나님은 그 목사님의 중심을 보시고 그를 축복하시는 것입니다.

인생은 정도의 차이가 있지만 누구나 죄인입니다. 내가 남을 판단할 자격은 없습니다. 그래서 말씀 앞에서 우리는 늘 죄인이요 부족한 존재임을 확인합니다. 그리고 그때 하나님의 은혜가 더 드러납니다.

48절은 말씀합니다.

> 하늘에 계신 너희 아버지의 온전하심과 같이 너희도 온전하라
> (마 5:48)

누가복음 6장 36절에서는 '너희 아버지의 온전하심'을 '자비하심'으로 번역합니다. 그래서 '너희 아버지의 자비로우심 같이 너희도 자비로운 자가 되라'고 말씀하고 있습니다. 하나님의 자비하심은 무한한

사랑입니다. 인간이 하나님의 사랑을 입지 못하면 한 순간도 살 수 없습니다. 우리는 끝없는 용서와 사랑을 베푸시는 하나님의 자비하심 때문에 행복하게 삽니다. 그래서 우리도 받은 사랑을 조금씩이라도 다른 사람에게 베풀려 하는 것입니다.

얼마나 많이 베풀었는지는 중요하지 않습니다. 삶의 방향이 사랑을 베풀려는 마음, 순종하려는 마음이면 됩니다. 이렇게 말씀에 순종하여 사랑의 원리를 따라 살아갈 때 부족하고 불편한 것이 있으면 하나님이 다 채우시겠다는 것입니다. 우리가 사랑받은 자임을 기억하지 못하면 한 순간도 베푸는 삶을 살 수 없습니다. 하나님을 보지 못하면 한 순간도 베풀 수 없습니다. 그러므로 이미 주시고, 또 더 주시는 하나님의 사랑이 내 안에 풍성하도록 늘 주님을 바라보아야 합니다.

성도는 이미 사랑을 받은 자입니다.

그리고 이제 더 큰 사랑을 사모하며 받기 위해 우리 것을 내어놓는 것입니다.

이것이 믿음의 삶이요 사랑의 삶입니다.

이러한 사랑의 원리가 여러분의 삶에 충만하시기를 축원합니다.

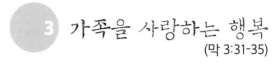

가족을 사랑하는 행복
(막 3:31-35)

31. 그때에 예수의 어머니와 동생들이 와서 밖에 서서 사람을 보내어 예수를
부르니
32. 무리가 예수를 둘러 앉았다가 여짜오되 보소서 당신의 어머니와 동생들과
누이들이 밖에서 찾나이다
33. 대답하시되 누가 내 어머니이며 동생들이냐 하시고
34. 둘러 앉은 자들을 보시며 이르시되 내 어머니와 내 동생들을 보라
35. 누구든지 하나님의 뜻대로 행하는 자가 내 형제요 자매요 어머니이니라

아담과 하와가 불순종하여 선악과를 따먹고 타락한 것은 유명한
이야기입니다. 그 이후 하나님과 인간의 관계가 깨어지고 인간과 인간
사이의 관계도 깨어졌습니다. 타락으로 인해 인간에게 주어진 고통은
그 마음속에 외로움과 고독이 찾아오게 된 것입니다. 정말이지 견딜
수 없이 가슴을 후비는 외로움, 뼈에 사무치는 추운 고독이 우리 인생
의 실존이 되어 버렸습니다. 외로운 우리들은 누군가를 사랑함으로 이

고독의 문제를 해결하고자 합니다.

그런데 타락한 인간은 이기적으로 '소유하고 지배하려는' 사랑으로 관계를 맺습니다. 나의 외로움을 해결하기 위해 너를 소유하려고 하는 것입니다. 그러니 아무리 소유해도 내 안에 있는 '외로움과 고독'이 해결되지 않습니다. 한 사람을 다 소유해도 행복이 없고, 소유하면 할수록 그를 더 학대하게 됩니다. 또 솔로몬처럼 세계에서 제일 아름다운 미녀 1,000명을 아내로 소유해도 행복이 없습니다.

그러면 '내 마음이 병들었구나, 소유하려는 나의 심리가 문제구나. 나의 영적 타락이 문제구나.'라고 깨달아야 합니다. 그런데 병든 인간은 여전히 배우자 탓을 하니 관계가 점점 더 파괴됩니다. 내가 외로운 것은 나의 배우자 문제라고 생각합니다. 나의 부모 탓이라고 생각합니다. 내 자녀 때문이라고 생각합니다. 세상 사람들이 다 문제라고 생각합니다. 그래서 서로 소유하려는 마음 때문에 가족관계는 가장 악하고 파괴적인 관계가 되어가는 것입니다.

이렇게 해서는 사랑을 회복할 수가 없습니다. 행복한 가정을 이룰 수가 없는 것입니다. 방향을 바꾸어야 합니다. 어떻게 바꿉니까? 하나님이 만드셨던 가족의 원래 모습으로 회복되어야 합니다.

하나님이 만드신 원래의 가족은 어떤 모습일까요? 가족 공동체의 원형이자 모델은 바로 삼위일체 하나님의 관계입니다. 우리가 교회의 하나됨을 이야기할 때 삼위일체 하나님으로부터 그 근거를 찾습니다. 교회만 그런 것이 아닙니다. 가정도 똑같습니다. 아담과 하와가 제일 처음 이루었던 가정의 모델은 삼위일체 하나님입니다.

삼위일체 하나님은 어떻게 관계하십니까? 서로 동등하게 존중하고, 서로 사랑하고, 서로 배려하지만 각각 서로의 역할이 분명하고 각각 독립적인 영역이 있습니다. 그리고 어떤 일을 하실 때 한 마음으로 동역하십니다. 삼위일체 하나님의 관계에서 핵심은 사랑과 존중입니다. 삼위일체 하나님이 서로 소유하거나 지배하려 합니까? 아닙니다. 외로움, 고독이 있을까요? 아닙니다.

삼위일체 하나님이 서로를 사랑하시고, 또 우리를 사랑하시는 것처럼 우리도 우리의 가족을 그렇게 사랑해야 합니다. 서로 사랑하지만 각자의 경계선도 분명해야 하는 것입니다. 부족해도 존중해야 합니다. 이런 가족의 모습이 우리 안에 회복되어야 합니다. 우리의 교회가 이런 공동체의 모습을 회복해야 합니다. 그럴 때 온 인류를 품는 가정이 되며, 인류를 품는 교회가 될 수 있습니다.

오늘 본문 말씀에서 예수님의 가족의식을 엿볼 수 있습니다. 예수님께서 사람들에게 말씀을 가르치시고 병도 고쳐주시고 귀신도 내어 쫓으시는 등 너무 많은 일을 하느라 바빠서 식사할 시간도 없었습니다.

그런데 어느 날 예수님의 가족과 친척들이 예수님을 붙잡으러 왔습니다. 예수님이 미쳤다는 소문을 듣고 왔습니다. 그때 예수님이 아주 이해하기 어려운 말씀을 하십니다.

대답하시되 누가 내 어머니이며 동생들이냐 하시고 둘러 앉은 자

들을 보시며 이르시되 내 어머니와 내 동생들을 보라 누구든지
하나님의 뜻대로 행하는 자가 내 형제요 자매요 어머니이니라
(막 3:33-35)

이 말씀을 얼핏 보면 예수님이 가족을 무시하는 분처럼 보입니다.
육신의 가족은 아무 의미가 없는 것처럼 보입니다. 그저 "내 말을 듣고
따르는 사람들만 내 가족이다" 이렇게 말씀하시는 것 같습니다. 예수
님이 정이 없고 왜곡된 생각을 가진 것처럼 보입니다.

예수님이 정말 가족을 무시하는 분입니까? 부모도 못 알아보는 분
입니까? 절대 그렇지 않습니다. 예수님이 12살 때 예루살렘 성전에 올
라갔다가 다른 가족들은 다 고향으로 돌아가는데 예수님만 혼자 성전
에 남아 랍비들과 말씀을 나누셨던 적이 있습니다. 예수님의 부모님들
이 한참 가다보니 아이 예수가 없는 것을 알고 아이 예수를 찾으러 다
시 성전으로 갑니다. 성전에 계신 예수님을 만나서 "네가 왜 여기 있느
냐? 우리가 얼마나 찾았는지 아느냐?" 했더니 예수님이 뭐라고 대답
하십니까?

예수께서 이르시되 어찌하여 나를 찾으셨나이까 내가 내 아버지
집에 있어야 될 줄을 알지 못하셨나이까 하시니 (눅 2:49)

그때 이미 예수님은 '메시아로서의 자신의 정체성'을 알고 계셨습
니다. 육신의 부모는 요셉과 마리아이지만, 진짜 아버지는 하늘에 계
신 하나님 아버지이심을 알았던 것입니다. 이때 예수님의 어머니 마리
아는 이 말을 마음에 새깁니다. 그러나 아버지 요셉은 예수님의 말씀

이 무슨 뜻인지 이해하지 못했습니다. 그래도 예수님은 부모님께 순종하였습니다.

> 예수께서 함께 내려가사 나사렛에 이르러 순종하여 받드시더라 그 어머니는 이 모든 말을 마음에 두니라 (눅 2:51)

예수님은 공생애 사역을 시작하시기 전까지 목수인 아버지를 따라서 함께 일을 거들었습니다. 부모에게 대들거나 부모의 마음을 아프게 하는 일이 없었습니다.

> 예수는 지혜와 키가 자라가며 하나님과 사람에게 더욱 사랑스러워 가시더라 (눅 2:52)

죄가 없으신 예수님은 어린 시절에 부모에게 순종하며 사랑스러운 아이로 성장하셨습니다. 그런데 이제 사역을 시작하면서 문제가 생긴 것입니다.

> 둘러앉은 자들을 보시며 이르시되 내 어머니와 내 동생들을 보라 누구든지 하나님의 뜻대로 행하는 자가 내 형제요 자매요 어머니이니라 (막 3:34-35)

심지어 마태복음에 보면 이런 말씀도 있습니다.

> 아버지나 어머니를 나보다 더 사랑하는 자는 내게 합당하지 아니하고 아들이나 딸을 나보다 더 사랑하는 자도 내게 합당하지 아니하며 또 자기 십자가를 지고 나를 따르지 않는 자도 내게 합당하지 아니하니라 (마 10:37-38)

이런 말씀을 보면 더 오해가 됩니다.

'예수님은 가족을 외면하시는 분이구나. 나도 가족을 버리고 예수님만 따라야 하나? 아, 신앙생활이 어렵다.'

이렇게 생각하면서 예수님의 사랑에 오해가 생깁니다. 예수님이 정말 원하시는 것이 가족을 버리는 것입니까? 그렇지 않습니다.

누구든지 자기 친족 특히 자기 가족을 돌보지 아니하면 믿음을 배반한 자요 불신자보다 더 악한 자니라 (딤전 5:8)

예수님은 우리에게 가족을 사랑하며 잘 돌보라고 말씀하십니다. 성경 도처에 하나님은 가족을 사랑할 것을 명령하고 있습니다. 예수님이 부모님과 가족을 무시하는 분이 아니라면 대체 이 말씀이 무슨 의미일까요? 그것은 육신의 가족 개념보다 영적인 가족 개념이 더 크고 우선됨을 강조하시기 위함입니다.

예수 그리스도의 피로 우리는 한 형제가 되었습니다. 영적 가족입니다. 우리는 원래 하나님의 영원한 자녀입니다. 육신의 가족은 길어야 백년이지만, 영적 가족은 영원합니다. 그러므로 육신의 가족이 영적 가족의 개념으로 거듭나야 하는 것입니다.

보십시오. 예수님의 가족들이 지금 사명을 위해 열심히 사역하고 있는 예수님을 이해하지 못하고 미쳤다는 소문만 듣고 예수님을 잡으러 오지 않았습니까? 육신의 가족은 최선의 사랑이 '서로를 보호해주는 것'입니다. 가족이 다치지 않도록, 쓸데없는 짓하고 돌아다니지 못하도록 보호하는 것이 최선입니다. 사랑하기 때문에 그렇게 보호하는 것입니다.

그러나 육신적 가족은 사랑이라는 이름으로 서로를 파괴하기도 합니다. 우리는 가족에게 제일 심각한 상처를 주고 받습니다. 사랑이라는 이름하에 소유하고 지배하는 악이 우리 안에 존재하는 것입니다.

배우자에 대한, 자녀에 대한, 부모에 대한 인격적 존중이 없이 '내 것'이라고 생각해서 '내 뜻대로' 하려고 합니다. 이렇게 '소유하고 지배하면' 서로에 대해 무시하며 함부로 대하고 학대합니다.

예수님의 가족들이 예수님을 어떻게 보았습니까?

"내가 너를 다 알고 있는데, 네가 무슨 메시아란 말이냐?"

도저히 믿을 수가 없습니다. 여러분 같으면 내 형님이 메시아라고 하면 믿어지겠습니까? 어릴 때부터 함께 목욕하고 먹고, 함께 뒹굴면서 성장했습니다. 물론 예수님은 죄가 없는 분이기 때문에 어린 시절부터 사람들을 사랑하고 배려하는 아름다운 삶을 사셨습니다. 그래서 동생들도 착한 형님이라고 생각했습니다.

아무리 그렇다 해도 함께 살아왔기에 서로 너무나 잘 압니다. 그래서 신비로운 것이 하나도 없는 것입니다. 그래서 우리가 신앙 생활하는데 가장 어려운 사람이 가족이요, 동네 사람들입니다. 내 삶을 다 아는 그들을 신앙으로, 삶으로 설득하는 일은 참으로 어렵습니다.

그러나 놀랍게도 나중에 예수님의 동생 야고보가 변합니다. 예수님이 십자가에 죽으시고 부활하신 후에 예수님의 동생 야고보가 예수님이 메시아이심을 믿게 됩니다. 그리고 후에 예루살렘 교회의 지도자가 됩니다.

육신적 가족을 사랑할 때 소유하고 지배하는 사랑을 버려야 합니다. 이것은 가족관계가 파괴되는 것입니다. 계속 이렇게 살면 원수가됩니다. 편견이 가득하기 때문입니다. 기본적으로 무시하고 우습게 여기며 학대하기 때문입니다.

어떤 가족은 우리끼리만 서로 사랑하고 존중합니다. 우리끼리만잘 먹고 잘 살려고 합니다. 이것은 가족주의입니다. 가족주의는 이기주의의 연장입니다. 이렇게 성장한 자녀가 어떻게 다른 사람을 사랑하며 백성을 돕는 지도자가 되겠습니까?

이기적이고 타락한 육신적 가족의 개념을 넘어서야 영적 가족의개념을 가질 수 있습니다. 영적 가족의 개념을 받아들이고 살고자 할때 하나님 나라를 위해, 비전을 위해 살아 갈 수 있습니다. 육신적 가족의 개념을 넘어서서 영적 가족의 개념으로 통합되어야 더 아름답고성경적인 사랑을 이루게 되는 것입니다. 우리는 영적 사랑, 영원한 아가페 사랑으로 함께 해야 합니다. 서로 사랑하며 존중하는 삼위일체하나님의 사랑을 우리 가족 안에서 시작해야 합니다.

왜 그래야 합니까? 내가 하나님의 자녀이기 때문입니다. 하나님의자녀로서 하나님의 명령에 따라 하나님이 기뻐하시는 사랑을 해야 합니다. 모든 사람을 이렇게 사랑할 때 내가 행복하고, 이 땅을 치유할수 있습니다. 그럴 때 우리의 가정이 하나님 나라를 위해 아름답게 드려지는 가정이 되는 것입니다. 자녀들에게 잘 먹고 잘 살기 위해 노력하라고 가르치지 않고 하나님을 먼저 선택하라고 가르치게 되는 것입니다. 이런 관계가 되면 육신적 가족관계보다 한 차원 높은 사랑으로 사랑하며 서로 섬기게 됩니다.

예수님께서 십자가에 달리실 때 그 어머니 마리아가 십자가 앞에서 아들의 죽음을 바라보아야 했습니다. 얼마나 마음이 찢어지겠습니까? 그때 예수님은 어머니를 자기의 제자 요한에게 부탁합니다.

> 예수께서 자기의 어머니와 사랑하시는 제자가 곁에 서 있는 것을 보시고 자기 어머니께 말씀하시되 여자여 보소서 아들이니이다 하시고 또 그 제자에게 이르시되 보라 네 어머니라 하신대 그때부터 그 제자가 자기 집에 모시니라 (요 19:26-27)

영적 가족관계는 나의 어머니가 너의 어머니가 됩니다. 내 자녀가 너의 자녀입니다. 그래서 공동양육이 가능해지는 것입니다. 그래서 요한이 예수님의 어머니를 섬기게 됩니다. 예수님은 요한과 한 가족이기 때문에 어머니 마리아를 부탁할 수 있는 것입니다. 또 요한도 마리아와 영적으로 한 가족이기 때문에 하나님이 주신 사랑으로 보살피며 섬길 수 있는 것입니다.

성도 여러분, 하나님의 사랑으로 우리 가족이 회복되어야 합니다. 하나님의 사랑으로 교회가 회복되고 이 땅이 회복되어야 합니다.

이 땅의 깨어진 가정, 깨어진 모든 관계가 예수님의 사랑으로 회복되는데 아름답게 쓰임 받는 성도되시길 축원합니다.

기도의 특권을 누리는 행복

(마 7:7-11)

7. 구하라 그리하면 너희에게 주실 것이요 찾으라 그리하면 찾아낼 것이요
   문을 두드리라 그리하면 너희에게 열릴 것이니
8. 구하는 이마다 받을 것이요 찾는 이는 찾아낼 것이요 두드리는 이에게는
   열릴 것이니라
9. 너희 중에 누가 아들이 떡을 달라 하는데 돌을 주며
10. 생선을 달라 하는데 뱀을 줄 사람이 있겠느냐
11. 너희가 악한 자라도 좋은 것으로 자식에게 줄 줄 알거든 하물며 하늘에
    계신 너희 아버지께서 구하는 자에게 좋은 것으로 주시지 않겠느냐

중년의 여 집사님이 목사님께 신앙상담을 하러 왔습니다. 이 집사
님은 어려서 부모가 돌아가셨고 고아로 자랐습니다. 그래서 성장하는
과정이 무척 힘들었습니다. 자신의 삶과 미래에 대해 부정적인 생각과
염려 속에서 자라 '내게 무슨 행복이 있을까?' 생각하며 살았습니다.

그런데 이 집사님이 성격이 참 좋은 정신과 의사와 결혼하게 되었

습니다. 남편은 아내를 끔찍이 사랑하고 아껴주었습니다. 자녀도 3남
매가 잘 자라고 있습니다. 좋은 집도 있고 경제적으로도 넉넉해서 아
주 행복한 가정을 이루었습니다. 그런데 언제부터인지 알 수 없지만
집사님의 마음속에 무서운 공포심이 자리 잡기 시작했습니다. '내가
이렇게 행복한데 하나님이 어느 순간에 이것을 다 빼앗아 가시면 어쩌
나?'하는 공포심이었습니다. 이런 공포심에 눌려 잠도 잘 수 없고 심
리적인 압박으로 인해 견딜 수 없었습니다.

남편이 정신과 의사였지만 아무리 상담을 해주어도 회복되지 않아
서 목사님을 찾아가서 고백합니다.
"목사님, 이제 곧 엄청난 불행이 나를 찾아올 것입니다. 얼마 전까
지 나는 행복했지만 이제 곧 끝날 것입니다. 나는 고아로 태어나서
늘 고생만 하며 자라왔습니다. 내가 감히 어떻게 이런 행복을 누릴
수 있겠습니까? 그런데 이 행복을 놓치고 싶지 않아요. 목사님, 이
제 나는 어떻게 해야 할까요?"
그러자 목사님은 집사님을 위로하였습니다. 그리고 진지하게 설명
합니다.
"집사님, 하나님은 집사님을 사랑하시는 좋으신 하나님입니다."
"글쎄요, 목사님, 저도 생각은 그럴 거라고 하지만 마음이 믿어지
지 않아요."
목사님은 그 집사님에게 왜 하나님이 좋으신 사랑의 하나님이신가
를 3가지로 제시합니다.

"첫째, 하나님은 집사님을 창조하시고, 집사님이 행복하게 살 수 있도록 세상을 만드신 분입니다. 또한 남편과 자녀를 주신 하나님 이십니다. 그 하나님은 집사님을 사랑하는 좋으신 하나님입니다. 둘째, 집사님의 모든 죄와 영벌을 해결하기 위해 예수님을 죽게 하신, 좋으신 사랑의 하나님입니다. 셋째, 집사님을 위해 영원한 천국, 새 하늘과 새 땅을 준비하신 좋으신 사랑의 하나님입니다."

그때서야 이 집사님이 고개를 끄덕이며 눈물을 흘립니다.
"목사님 말씀을 듣고 보니 하나님은 나를 사랑하시는 좋으신 하나님이시군요."

목사님 말씀을 들으며, 이렇게 좋으신 하나님을 믿지 못한 것은 고아로 살던 시절 너무 힘들어 다시 그렇게 될까 봐 불안과 공포를 가졌기 때문이었다는 것을 깨닫게 됩니다.

"이제야 내 마음속에 불안이 사라집니다. 하나님의 사랑을 제가 믿지 못했군요. 하나님, 용서해주세요."라고 고백하며 하나님의 사랑과 은혜에 감사하였습니다. 사랑에 대한 믿음이 중요함을 보여주는 예화입니다.

미국의 버클리 대학의 연구팀이 쥐를 가지고 실험을 했습니다. 한 곳에서는 한 마리 쥐에게 먹이를 주면서 기르고, 다른 곳에서는 다섯 마리를 모아서 같이 살게 하면서 먹이를 주었습니다. 또 다른 곳에서는 주인이 노래를 불러 주고 쓰다듬어 주기도 하며 손으로 먹이를 주면서 사랑을 경험하게 하였습니다. 그 결과 어떻게 되었겠습니까?

혼자 외롭게 먹고 살았던 쥐는 600일 동안 살았고, 다섯 마리가 어울려 살았던 쥐는 700일 동안 살았고, 사랑을 받으며 먹이를 먹은 쥐는 950일 동안 살았다고 합니다.

과학자들의 말에 의하면 식물도 마찬가지라고 합니다. 장미꽃도 주인이 늘 말을 걸어 주고 사랑하는 마음으로 기르면 더욱 향기가 나고 색깔도 더 밝아진다고 합니다. 반면에 매일 저주하며 키운 식물은 얼마 못가 그대로 말라 죽고 만다고 합니다.

인간도 마찬가지입니다. 사랑 없이 혼자 외롭게 살면 단명합니다. 함께 살면 좀 더 오래 삽니다. 사랑으로 살면 장수하는 것입니다. 인간에게 가장 중요한 것은 하나님의 사랑입니다.

성도 여러분, 하나님의 사랑을 믿지 않으면, 매순간이 불안과 공포와 절망입니다. 우리가 하나님의 사랑을 믿으면 매순간이 행복해집니다. 예수님을 믿을 때 받는 축복 중에 하나는 우리 기도를 받으시는 분이 생겼다는 것입니다. 우리가 힘들 때 부르짖을 대상이 전혀 없다면 얼마나 힘들겠습니까?

우리에게는 우리를 사랑하셔서 나의 기도를 들으시는 아버지가 있습니다. 우리가 아무리 외치고 소리쳐도 아무도 듣지 않는다면 얼마나 답답하겠습니까? 세상에서는 그런 일이 얼마나 많습니까? 소통이 안되는 고통, 대화가 막힌 고통, 이럴 때 우리 안에는 답답함, 분노가 쌓

이는 것입니다.

어떤 분은 절규하더군요. 마치 벽처럼 전혀 응답하지 않고 변화되지 않는 배우자가 너무 미워서 절구통에 넣어서 부숴버리고 싶다구요. 얼마나 화가 나면 그렇겠습니까? 또 대화가 되지 않는 이웃들은 우리를 얼마나 답답하게 만듭니까?

그러나 우리 하나님은 구하고 찾고 두드리는 소리에 반드시 응답하시는 분입니다. 우리 소리를 들으시는 하나님이십니다. 응답하실 뿐만 아니라 우리에게 가장 좋은 것을 주고 싶어서 내가 찾아오기를 기다리시는 분이 우리 하나님 아버지입니다.

자식이 떡을 달라고 하면 돌을 주는 부모가 어디 있습니까? 생선을 달라고 하면 뱀을 줄 부모가 어디 있습니까? 안 주면 안 줬지, 돌이나 뱀을 줄 정신 나간 부모는 없습니다. 절대로 있을 수 없는 일입니다.

주님이 이렇게 강한 부정으로 표현하는 것은 강한 긍정을 말하고자 하는 것입니다. 반어법이죠. 즉 부모는 남의 것을 빼앗는 도둑이라 할지라도, 자기 아들과 딸들에게는 좋은 것을 주기 원한다는 것입니다. 악한 사람도 이렇게 자기 자식에게는 좋은 것을 주려고 하는데, 하물며 우리를 사랑하셔서 우리를 위해 독생자를 주신 하나님이 왜 좋은 것을 우리에게 주시지 않겠습니까?

지금 이 본문에서 강력하게 말씀하시는 예수님의 사랑을, 그 마음을 알아야 합니다. 하나님은 우리에게 사랑을 주십니다. 그러나 우리는 부정적인 마음, 과거의 상처 때문에 그 사랑을 거절하고 외면합니다. 그리고 하나님을 원망하며 고독한 삶을 자초합니다.

이 얼마나 안타까운 일입니까? 인간이 하나님의 사랑을 받지 않고 어떻게 우리가 사람답게 살아갈 수 있겠습니까? 우리에게는 하나님의 사랑이 있어야 합니다. 오직 하나님의 사랑이 우리의 삶을 즐겁게 하고 만족하게 하고 힘을 주는 것입니다.

우리 모두는 하나님이 사랑하시는 존재입니다. 우리는 하나님의 사랑을 받기 위해서 삽니다. 다른 영혼을 사랑하기 위해서 태어난 소명적인 존재입니다. 사랑할 때 장수하고 건강하고 행복하게 됩니다. 그 하나님의 사랑을 믿을 때 기도하게 됩니다. 우리 인생은 기도할 것이 참 많습니다. 우리는 매일매일 삶의 과제가 주어지기 때문에 하나님의 은혜를 구해야 합니다.

그래서 하나님을 향해 기도해야 합니다. 하나님은 우리의 미래를 당신이 품고 우리를 인도하십니다. 그 하나님께서 오늘 본문에서 말씀하시는 것입니다.

"구하라, 찾으라, 두드리라"

어찌하든지 좋은 것을 주고 싶으셔서 제발 '구하라'고 부탁하시는 음성이 들리십니까? 우리를 사랑하시는 주님의 간곡한 부탁이 들리십니까? 하나님의 사랑을 의심하지 말고 기도하십시오.

구하십시오.

찾으십시오.

두드리십시오.

하나님은 우리에게 기본적으로 필요한 것은 구하지 않아도 다 채워주십니다. 그래도 그 작은 것 하나하나까지 하나님은 함께 나누고 싶어 하십니다. 그러나 치유와 비전, 행복 등 인생에 가장 좋은 것은 구하는 자에게만 허락하십니다. 하나님은 인격적인 분이기 때문에 우리가 구하지 않으면 구할 때까지 기다리십니다. 필요를 느끼지 않을 때, 구하거나 원하지 않을 때 주어진 축복은 감사와 행복으로 느끼기 어렵기 때문입니다. 오히려 쓸모없는 것을 주었다고 하나님을 미워합니다.

> 거룩한 것을 개에게 주지 말며 너희 진주를 돼지 앞에 던지지 말라 그들이 그것을 발로 밟고 돌이켜 너희를 찢어 상하게 할까 염려하라 (마태복음 7:6)

진리를 알고 진리를 귀하게 여기는 성도되시길 바랍니다.
가치를 모르는 자에게 좋은 것을 주면 감사를 모릅니다.
진정한 가치를 바로 아는 성도 여러분 되시기를 바랍니다.
가장 좋은 것 중의 하나가 바로 기도할 수 있는 특권입니다.
기도로 하나님을 만나고, 기도로 하나님의 사랑을 경험하고, 기도로 여러분의 필요를 공급받는 축복된 성도되시길 축원합니다.

사랑하면 행복해집니다

⑤ 소원이 이루어지는 행복

(눅 18:1-8)

1. 예수께서 그들에게 항상 기도하고 낙심하지 말아야 할 것을 비유로 말씀하여

2. 이르시되 어떤 도시에 하나님을 두려워하지 않고 사람을 무시하는 한 재판
   장이 있는데

3. 그 도시에 한 과부가 있어 자주 그에게 가서 내 원수에 대한 나의 원한을
   풀어 주소서 하되

4. 그가 얼마 동안 듣지 아니하다가 후에 속으로 생각하되 내가 하나님을
   두려워하지 않고 사람을 무시하나

5. 이 과부가 나를 번거롭게 하니 내가 그 원한을 풀어 주리라 그렇지 않으면
   늘 와서 나를 괴롭게 하리라 하였느니라

6. 주께서 또 이르시되 불의한 재판장이 말한 것을 들으라

7. 하물며 하나님께서 그 밤낮 부르짖는 택하신 자들의 원한을 풀어 주지 아니
   하시겠느냐 그들에게 오래 참으시겠느냐

8. 내가 너희에게 이르노니 속히 그 원한을 풀어 주시리라 그러나 인자가 올 때
   에 세상에서 믿음을 보겠느냐 하시니라

태평양을 건너가던 어떤 배가 파선되어 승객들은 다 죽고 리건 베이커라는 선장과 젊은 두 선원만이 살아남았습니다. 이 사람들은 23일 동안 뗏목을 타고 표류하다가 극적으로 구조되었습니다. 표류하는 동안 낮에는 뜨거운 태양으로 온몸이 다 타는 것 같은 목마름을 겪었고, 밤에는 살인적인 추위에 고통을 겪었습니다. 그뿐입니까? 상어 떼의 습격을 받기도 합니다. 이 무시무시한 상황 속에서 23일 동안 뗏목을 타고 바다를 표류했습니다. 그러는 동안에 베이커 선장은 두 개의 말씀을 암송했습니다.

첫째는 시편 23편입니다.

"내가 사망의 음침한 골짜기로 다닐지라도 해를 두려워하지 않을 것은 주께서 나와 함께 계심이라 주의 지팡이와 막대기가 나를 안위하시나이다"

그리고 마태복음 6장 31-34절을 암송했습니다.

"그러므로 염려하여 이르기를 무엇을 먹을까 무엇을 마실까 무엇을 입을까 하지 말라. 이는 다 이방인들이 구하는 것이라 너희 하늘 아버지께서 이 모든 것이 너희에게 있어야 할 줄을 아시느니라 그런즉 너희는 먼저 그의 나라와 그의 의를 구하라 그리하면 이 모든 것을 너희에게 더하시리라 그러므로 내일 일을 위하여 염려하지 말라 내일 일은 내일 염려할 것이요 한 날의 괴로움은 그날로 족하니라"

두 성경 구절을 계속 암송하면서 그는 하나님께 매달렸습니다. 그러다가 23일 만에 구조되었습니다. 신문기자들이 물었습니다.

"어떻게 인간의 한계선을 뛰어넘어 23일 동안 바다에서 살아남을 수 있었습니까?"

선장은 말했습니다.

"나는 선한 목자 되신 하나님께서 나를 사랑하시기 때문에 말씀대로 나를 잔잔한 물가로 인도하실 것을 믿었습니다. 그 약속의 말씀을 붙들고 믿음으로 기도했기 때문에 염려하지 않고 하루하루 견딜 수 있었습니다."

어떤 상황에서도 하나님의 말씀을 믿는 믿음이 우리를 승리하게 합니다. 오늘 주님께서 기도에 대해 비유로 설명하십니다. 한 과부가 있었습니다. 고대 사회에서 남편이 없는 여자의 고통은 아주 컸습니다. 이 과부에게 어떤 일인지는 정확히 알 수 없지만 억울한 일이 생겼습니다. 3절에서 '내 원수에 대한 나의 원한'이라 한 것을 볼 때 그 억울함이 매우 심했음을 알 수 있습니다.

그러나 과부는 힘이 없었습니다. 돈도 없고 권세 있는 사람을 알지도 못합니다. 게다가 재판을 관할하고 있는 재판관은 불의한 재판관으로 소문이 났습니다. 평소에도 돈을 받고 판결을 잘못하거나 힘센 자들을 변호하는 일에만 관심을 가지는 악한 판사였습니다.

이 악한 판사가 과부의 재판을 맡게 되었습니다. 과부는 돈도 없고 의지할 사람도 없었습니다. 이대로 있으면 재판에 지게 됩니다. 과부가 할 수 있는 방법이 달리 무엇이 있었겠습니까? 과부는 날마다 재판관을 찾아와서 호소하였습니다.

"재판관님, 억울합니다. 제 억울함을 풀어주소서."

재판관이 처음에는 그 호소를 무시하다가 과부가 계속 찾아와서 호소하니까 그 끈질김에 견딜 수가 없었습니다.

4절과 5절에서 불의한 재판관이 이렇게 생각합니다.

> 그가 얼마 동안 듣지 아니하다가 후에 속으로 생각하되 내가 하나님을 두려워하지 않고 사람을 무시하나 이 과부가 나를 번거롭게 하니 내가 그 원한을 풀어 주리라 그렇지 않으면 늘 와서 나를 괴롭게 하리라 하였느니라 (눅 18:4-5)

다른 이유가 없습니다. 나를 번거롭게 하니 귀찮아서 들어주어야겠다는 것입니다. 주님은 이 비유를 마치며 이런 교훈을 주십니다.

> 하물며 하나님께서 그 밤낮 부르짖는 택하신 자들의 원한을 풀어 주지 아니하시겠느냐 그들에게 오래 참으시겠느냐 내가 너희에게 이르노니 속히 그 원한을 풀어 주시리라 그러나 인자가 올 때에 세상에서 믿음을 보겠느냐 하시니라 (눅 18:7-8)

"불의한 재판관도 귀찮아서라도 들어주는데 하물며 나를 자기 생명보다 더 귀하게 생각하며 사랑하시는 하나님께서 우리의 간절한 기도를 외면하시겠느냐?"

왜 주님께서 이런 이야기를 하실까요? 하나님은 우리를 사랑하셔서 기도를 들어주고 싶으신데 우리가 기도하다가 너무 쉽게 포기하는 것을 아시고 이런 비유를 들어 말씀하시는 것입니다. 많은 사람들이 너무나 많은 거절감을 경험해 왔기에 조금만 어려우면 쉽게 포기합니다. 그래서 하나님이 축복을 주고 싶어도 줄 수가 없는 것입니다. 제발 포기하지 말고 조금만 더 해보라고 말씀하시는 것입니다.

우리가 기도를 하다가 응답될 기미가 안 보이면 어떤 생각이 듭니까? '이렇게 한다고 뭐가 달라질까? 이거 괜히 헛수고 하는 거 아닌가?' 부정적인 생각이 슬슬 밀려옵니다.

'괜히 새벽에 잠 못 자고 하루 종일 힘든 것은 아닐까?'

이런 생각이 들면 새벽에 일어나는 게 속상해지기 시작하고 불평과 불만이 올라옵니다.

그런데 오늘 주님은 우리에게 말씀하십니다.

"낙심하지 말고 계속 기도해라. 하나님이 속히 풀어주실 것이다. 포기하지 말고 조금만 더 기도해라."

정말로 하나님이 우리 기도에 응답하지 않으시려고 하면 주님께서 왜 이런 말씀을 하시겠습니까? 본문 8절에 보면 '속히' 그 원한을 풀어주신다고 약속하십니다. 하지만 그 '속히'는 하나님의 입장, 하나님의 시간에서의 '속히'입니다.

문제는 나의 시간과 하나님의 시간이 안 맞을 때가 많다는 것입니다. 우리는 스스로 판단해서 이때까지 응답해주셔야 한다고 생각하는 시간이 있습니다. 그때가 가까워지면 점점 초조해집니다. 그러다가 그 시간이 넘어가면 포기가 되는 것입니다. 그러나 그건 내 생각일 뿐입니다. 하나님은 하나님의 생각에 따라서 가장 빠른 시간에 응답해주시려고 계획하고 계십니다.

하나님은 영원하십니다. 전능하십니다. 나를 사랑하십니다. 나는 나의 현재밖에 모르지만, 하나님은 나의 전 생애를 아십니다. 그러므로 나를 위한 가장 적절한 때에 응답의 은혜를 주십니다. 이 사실을 믿어야 합니다. 그때 우리 믿음이 흔들리지 않습니다.

하나님의 응답이 더딜 때라도 우리는 하나님의 계획이 우리의 생각보다 훨씬 더 낫기 때문에 하나님의 선하심을 믿어야 합니다. 우리가 조금만 더 참고 기도하면 하나님은 '속히' 우리의 기도제목과 우리의 소원을 들어주실 것입니다.

하나님은 우리의 고통과 눈물을 아십니다. 하나님의 마음은 속히 응답해주기를 원하십니다. 그런데 마지막 말씀인 8절 말씀이 우리에게 경종이 됩니다.

인자가 올 때에 세상에서 믿음을 보겠느냐 (눅 18:8)

말세가 가까울수록 믿음이 식고 기도가 식는다는 것입니다. 지속적인 기도, 믿음의 기도, 기적을 만드는 울부짖는 기도를 하는 성도와 교회가 점점 적어질 것이라는 말씀입니다. 하나님의 사랑을 확신하며 믿음으로 나아가는 성도되시길 축원합니다.

세계적인 테너로 주목받고 이름을 떨쳤던 배재철 집사님은 아시아에서 100년에 한번 나올까 말까 한 목소리라는 찬사를 받았었습니다. 여러 대회에서 우승을 하고 토스카, 라보엠, 나비부인, 루치아, 리골레토 등 모든 오페라에서 주연을 맡아 유럽과 일본에서 그의 이름이 널리 알려졌습니다. 특히 일본에는 배재철 집사님의 많은 팬들이 있었습니다.

그런데 2005년 독일 자브뤼켄 극장에서 테너 솔리스트로 활약하던 중 목에 이상이 왔습니다. 갑자기 목이 쉬고 말이 잘 안 나오게 된 것입니다. 놀란 마음에 병원에 가서 검사를 한 결과 갑상선암 판정을 받았습니다. 성악가에게는 목소리가 전부인데 갑상선암 판정을 받게 된 것입니다.

배재철 집사님은 갑상선암을 제거하기 위해 독일 마인츠 대학 병원에서 수술을 받았습니다. 이 수술은 8시간이나 지속되었고 수술 도중 성대에 붙은 암을 떼어 내다가 성대 신경이 3cm나 떨어져 나갔습니다. 이 일로 인해 그는 목소리를 거의 잃어 버렸습니다. 퇴원하고 나서 말을 하려 해도 목소리가 새서 말이 잘 나오지 않았습니다. 노래는 커녕 말하기도 힘들 정도였습니다.

배재철 집사님은 어릴 때부터 교회에서 성가대를 했었습니다. 그는 신앙인이었기 때문에 쉽게 포기하거나 좌절하지 않고 예수님께 통곡과 눈물로 매달리기 시작했습니다.

"주님, 제 목소리를 회복시켜 주옵소서. 제 목소리를 회복시켜 주셔서 이 목소리를 가지고 주님을 찬양하게 하옵소서."

간절히 기도하고 또 기도하는 중에 주위 사람들로부터 성대 회복 수술을 권유받게 되었습니다. 회복 수술에 대해 알아본 결과 전 세계에서 잃어버린 목소리를 찾아 주는 의사가 세 사람이 있는데 그 기술을 발명한 사람이 일본에 있었습니다. 바로 일본에 있는 교토대학 교수인 '잇시키 노부히코'라는 의사였습니다.

일본인 음악 프로듀셔 '와지마 도타로'라는 분이 이 의사를 연결해 주었습니다. 당시 배재철 집사님은 수술할 돈이 없었습니다. 그런데 감사하게도 여러 팬들이 모금을 해서 수술을 받도록 도와주었습니다. 모든 상황들이 생각지도 못한 방법으로 열리기 시작한 것입니다.

그리고 2006년 드디어 성대 복원 수술을 받게 되었습니다. 수술 후 제일 처음 말해보라고 의사가 권유하자 그는 찬송가 40장 '주 하나님 지으신 모든 세계'를 찬양했습니다. 그의 이런 모습에 큰 감동을 받은 음악 프로듀서 와지마 도타로가 예수님을 영접하게 되었습니다.

그는 현재 목소리가 50% 정도 회복되었답니다. 그는 "저는 말도 할 수 없는 상태에서 이만큼 회복되었습니다. 하나님께 감사합니다." 라고 고백했습니다. 그는 온전히 회복될 날을 꿈꾸며 지금도 주님을 찬양하는 사역을 하고 있습니다. 그가 노래하는 모습을 볼 때 제 가슴이 저며 왔습니다. 그의 진실과 열정, 겸손, 하나님을 향한 간절한 마음이 건강할 때보다 더 감동적이었고 아름다워 보였습니다.

배재철 집사님은 모든 것이 불가능해 보이고 좌절할 수밖에 없는 상황에서도 하나님의 사랑을 믿고 포기하지 않고 주님 앞에 울며 매달

렸습니다. 그 결과 이만큼 회복되었습니다. 그는 여전히 온전한 회복
을 꿈꾸며 기도하고 찬양합니다.

어떤 상황에서도 하나님은 우리를 사랑하고 계심을 믿으시길 축원
합니다. 고난은 하나님의 사랑을 확인하기 위한 과정에 불과합니다.
누가 우리를 그리스도의 사랑에서 끊을 수 있겠습니까?

항상 기도하고 낙심하지 마십시오.
어떤 순간에도 그 사랑을 놓치지 마십시오.
하나님의 사랑을 믿고 현실과 맞서는 성도가 되시길 바랍니다.
나를 격려하고 사랑하시는 주님을 믿으시길 축복합니다.
낙심하지 않고 포기하지 않는 성도되시길 축원합니다.

사랑하면 행복해집니다

6 신적 지혜를 얻는 행복

(요 8:3-11)

3. 서기관들과 바리새인들이 음행 중에 잡힌 여자를 끌고 와서 가운데 세우고

4. 예수께 말하되 선생이여 이 여자가 간음하다가 현장에서 잡혔나이다

5. 모세는 율법에 이러한 여자를 돌로 치라 명하였거니와 선생은 어떻게 말하겠
나이까

6. 그들이 이렇게 말함은 고발할 조건을 얻고자 하여 예수를 시험함이러라
예수께서 몸을 굽히사 손가락으로 땅에 쓰시니

7. 그들이 묻기를 마지 아니하는지라 이에 일어나 이르시되 너희 중에 죄 없는
자가 먼저 돌로 치라 하시고

8. 다시 몸을 굽혀 손가락으로 땅에 쓰시니

9. 그들이 이 말씀을 듣고 양심에 가책을 느껴 어른으로 시작하여 젊은이까지
하나씩 하나씩 나가고 오직 예수와 그 가운데 섰는 여자만 남았더라

10. 예수께서 일어나사 여자 외에 아무도 없는 것을 보시고 이르시되 여자여
너를 고발하던 그들이 어디 있느냐 너를 정죄한 자가 없느냐

11. 대답하되 주여 없나이다 예수께서 이르시되 나도 너를 정죄하지 아니
하노니 가서 다시는 죄를 범하지 말라 하시니라

요즈음 미국의 천주교 신자들이 신부님을 신뢰하기 어려워 신부님 대신에 응답기에 대고 참회를 한다고 합니다. 매일 200명의 사람들이 익명으로 전화를 걸어 60초 메시지를 남긴다는 것입니다. 가장 흔하게 참회하는 것이 간음이고 강간, 아동 학대, 심지어 살인까지 고백한다고 합니다.

어떤 알코올 중독자는 이런 메시지를 남겼습니다.

"나는 지난 18년 간 중독자로 살아왔습니다. 그동안 내가 피해를 준 모든 사람들에게 사과합니다."

사람들은 누구나 자신들의 죄가 용서될 뿐 아니라 의롭게 살도록 도와주는 은혜를 갈망합니다. 사람들이 교회에서 은혜를 발견하지 못하니까 응답기에서 발견하려는 것입니다.

오늘 말씀은 예수님이 공생애를 시작하신 지 3년쯤 되셨을 때, 예루살렘 성전에서 벌어진 사건입니다. 바리새인들과 서기관들은 예수님을 고소할 빌미를 찾으려고 고민하다가 아주 놀라운 계획을 생각해 냈습니다. 그것은 간음한다고 소문 나 있던 남녀를 붙잡아 예수를 올무에 빠뜨리는 것입니다. 그 전날 저녁에 밤새도록 야근을 해서 간음하는 사람들의 현장을 새벽에 급습했습니다. 남자는 도망쳤지만 여인은 붙잡았습니다. 종교지도자들은 이 여인을 예수님 앞에 데려갔습니다. 그리고 다짜고짜 예수님에게 말합니다.

예수께 말하되 선생이여 이 여자가 간음하다가 현장에서 잡혔나이다 모세는 율법에 이러한 여자를 돌로 치라 명하였거니와 선생

은 어떻게 말하겠나이까 (요 8:4-5)

만약 거기서 대답을 하지 못한다면 굴욕이고, 대답을 해도 문제가 됩니다. 만약 율법규정에 따라 그 여인을 돌로 쳐 죽이라고 말한다면, 이전까지 원수까지도 사랑하라고 가르쳤던 예수님은 거짓말쟁이가 됩니다. 또 로마총독 이외에 사형을 선고할 수 없기에, 예수님이 율법에 따라 죽이라고 한다면 로마의 법을 어기게 되어 고소를 당하게 될 것입니다.

그렇다고 죽이지 말라고 할 수도 없습니다. 만약 "그 여자를 처벌하지 말고 살려주시오."라고 말한다면, 예수님은 하나님이 주신 율법을 파기하는 사람이 되는 것입니다.

어떤 남자가 유부녀와 동침한 것이 드러나거든 그 동침한 남자와 그 여자를 둘 다 죽여 이스라엘 중에 악을 제할지니라 (신 22:22)

이럴 수도 없고 저럴 수도 없는 난처한 상황입니다. 그들은 고도로 계산된 질문으로 예수님을 함정에 빠뜨렸습니다. 그때 예수님은 느닷없이 바닥에 앉아 땅에 글을 쓰십니다. 무엇을 썼는지 성경에 나와 있지 않기 때문에 그 글이 무엇인지는 알 수 없습니다. 그러나 그렇게 행동하신 이유를 추측해 볼 수 있습니다. 그들은 지금 예수님을 죽일 방법을 찾았다고 흥분해 있습니다.

땅에 글을 쓰는 행동은 마음을 잠시 가라앉게 하는 효과가 있는 것입니다. 그들의 생각은 오로지 '예수를 죽이는 것' 밖에 없습니다. 그들이 예수님을 정죄하기 위해서는 여인 한 명 정도는 죽어도 상관없는 것입니다. 어차피 죄인이니까요.

하지만 죄인을 구원하고 살리려 오신 예수님에게는 그 한 영혼이 매우 소중합니다. 그래서 예수님은 험악하고도 긴장된 상황이었지만 놀라운 평정심을 유지하면서 땅에 조용히 글을 쓰셨습니다. 그 후에 주님은 이렇게 대답하셨습니다.

"너희 중에 죄 없는 자가 먼저 돌로 치라"

이 말씀은 상상할 수 없는 충격입니다. 그리고 예수님은 다시 몸을 굽혀 땅에 글을 쓰셨습니다. 예수님의 말씀에 도전을 받은 사람들은 자기 양심의 정죄 앞에 돌을 내려놓았습니다. 그리고 하나 둘 그 자리를 다 떠나갔습니다.

여러분, 놀랍지 않습니까? 방금 전까지 저들은 예수님을 죽일 수 있겠구나 기세등등하여 큰소리쳤습니다. 당장이라도 예수님을 잡아갈 것 같은 분위기였습니다. 그런데 순식간에 분위기가 반전됩니다. 이보다 더 큰 반전이 있을까요? 예수님의 한 마디가 예수님을 이 위기에서 벗어나게 할 뿐 아니라 사람들이 자신을 깊이 돌아보게 한 것입니다.

우리는 여기서 예수님의 놀라운 지혜를 보게 됩니다. 하지만 이 지혜는 예수님 자신을 보호하고 덫을 피하기 위한 지혜가 아닙니다. 예수님이 이렇게 지혜롭게 처신하신 이유는 자기를 구하기 위함이 아니라 함정에 빠진 이 여인을 구원하기 위함이었습니다.

주님은 자기를 변호하는 데는 관심이 없고 오직 사람을 사랑하고 구하는 데에만 관심이 있으십니다. 이런 삶의 태도나 목적의식은 놀라운 문제해결 능력과 지혜를 갖게 합니다. 내 유익을 구하려는 마음이 없기 때문에 깨끗하고 순수한 마음으로 문제에 접근하게 되는 것입니다. 그럴 때 상황판단이 명확해지고 방향이 분명히 보입니다. 그래서 문제가 깨끗이 해결되는 것입니다. 그리고 하나님의 지혜가 임하게 됩니다. 이런 태도를 가질 때 아무도 나를 넘어뜨릴 수 없습니다. 이것이 뱀같이 지혜롭고 비둘기같이 순결한 태도입니다.

우리는 '지혜' 하면 솔로몬의 지혜를 생각하게 됩니다. 솔로몬이 정성을 다해 하나님께 일천번제를 드렸을 때 하나님이 그의 소원을 들어주셨습니다. 그래서 솔로몬은 전무후무한 지혜를 얻게 되었습니다. 물론 지혜를 구한 이유는 많은 백성들을 잘 다스리기 위한 목적이었습니다. 그래서 하나님이 기쁘게 지혜를 부어주셨습니다.

하지만 솔로몬은 점점 타락하여 그 지혜를 자기 자신이 잘 먹고 잘 살기 위한 곳에 사용하기 시작했습니다. 그 결과 외교정책으로 이방 나라의 공주들을 아내로 맞아들이기 시작했고 결국 멸망을 향해 가게 된 것입니다. 사실 솔로몬의 화친정책은 인간적으로는 성공적인 지혜였습니다. 그러나 하나님을 의지한 것이 아니기 때문에 멸망하고 말았습니다.

어떤 길은 사람이 보기에 바르나 필경은 사망의 길이니라 (참 14:12)

하나님이 돕지 않는 길은 사람이 보기에 최고의 길이라 해도 망하는 지름길입니다. 솔로몬이 나중에 쓴 전도서를 보십시오.

"헛되고 헛되고 헛되고 헛되니 모든 것이 헛되다"

허무를 외치지 않습니까? 다른 사람을 위해 지혜를 사용하지 않고 나를 위해, 나를 보호하기 위해 지혜를 사용할 때 인생이 허무하고 헛된 것입니다. 멸망을 향해 가게 됩니다.

지혜의 최고봉이 무엇입니까?

> 여호와를 경외하는 것이 지혜의 근본이요 거룩하신 자를 아는 것
> 이 명철이니라 (잠 9:10)

참 지혜는 하나님을 경외하는 것입니다. 그래서 진정한 지혜는 사람이 하나님께로 가도록 도와주는 것입니다. 예수님의 지혜는 어떤 상황에서도 하나님을 보게 하는 것입니다. 그래서 먼저 상황을 설명해주십니다. 깨우침을 주십니다. 돌을 들어 치려하던 사람들에게도, 간음한 여인에게도 깨우침을 주시는 것입니다.

> 예수께서 일어나사 여자 외에 아무도 없는 것을 보시고 이르시되
> 여자여 너를 고발하던 그들이 어디 있느냐 너를 정죄한 자가 없
> 느냐 대답하되 주여 없나이다 예수께서 이르시되 나도 너를 정
> 죄하지 아니하노니 가서 다시는 죄를 범하지 말라 하시니라 (요
> 8:10-11)

사람들이 다 돌아간 후에 예수님이 여자에게 말씀하십니다.

"너를 고발하던 그들이 어디 있느냐 너를 정죄한 자가 없느냐?"

거듭 확인하십니다.

"주여, 없나이다."

"나도 너를 정죄하지 아니하노니 가서 다시는 죄를 범하지 말라."

예수님의 지혜를 보십시오. 그 여인이 하나님의 사랑을 온전히 알도록 접근합니다.

예수님은 '용서한다'는 말보다 '정죄하지 않는다'고 말씀하십니다. 왜 그럴까요? 지금 이 여인은 '정죄의 함정'에 빠진 것입니다. 그래서 주님은 '너를 정죄하지 않는다'는 사실을 계속 확인시켜주십니다.

"너를 정죄하던 사람들이 다 사라졌다. 나도 너를 정죄하지 않는다. 아무도 너를 정죄하는 사람이 없다. 너도 너 자신을 정죄하지 마라."

이 얼마나 큰 은혜의 선언인지요. 그러나 이 말씀이 죄를 간과하고 그냥 넘어가는 것은 아닙니다. 한 사람을 온전히 조건 없이 용납하는 것은 그 사람의 죄와 허물을 못 본 체하거나 합리화하거나 애써 부인하는 것이 아닙니다. 죄가 있음을 인정합니다. 그럼에도 불구하고 용납하고 정죄하지 않는 것입니다. 간음한 여인이 자신의 잘못을 돌이키되 자기를 정죄하지 않고 절망에 빠지지 않도록 주님께서 그를 지혜롭게 인도하시는 것입니다.

미국에서 있었던 일입니다. 한 남루한 노인이 상점에서 빵을 훔친 죄로 재판을 받게 되었습니다.

"상점에 들어가 빵을 훔친 것이 사실인가요?"

"예."

"그것이 절도죄라는 것을 모르셨나요?"

"잘 알고 있었습니다. 그렇지만, 며칠을 굶다 보니 그렇게 되었습니다. 저도 모르게 그 빵을 입에 넣었습니다!"

판사는 충격을 받은 듯 침묵을 지키더니, 판결을 내렸습니다.

"당신은 명백한 절도죄를 저질렀습니다. 그러므로 본 법정은 10불의 벌금형에 처합니다."

빵을 살 수 없는 노인은 그 벌금도 낼 수 없었습니다. 이제 꼼짝없이 감옥에 가야 할 상황이 되었습니다. 그때 판사가 계속 말합니다.

"아직 제 판결이 끝난 것은 아닙니다. 저는 저를 포함해서 이 자리에 있는 모두와 우리 사회에, 가난한 노인을 방치한 죄목으로 유죄를 선고합니다. 저런 사람이 나오도록 방치한 것은 절도죄보다 더 큰 죄입니다."

판사는 모자를 벗더니 그 안에 10불을 넣었습니다.

"이 10불은 제가 저지른 죄에 대한 벌금입니다. 여러분도 벌금을 내 주십시오."

모자가 한 바퀴 돌았을 때 모자 안에는 많은 돈이 모여 있었습니다. 판사는 그 중에 10불은 노인의 벌금으로 징수하고, 나머지는 노인의 주머니에 넣어 주었습니다. 사랑으로 인한 지혜로운 판결에 큰 깨달음을 얻은 노인은 그 돈을 받아 법정을 나서며 말했습니다.

"이제부터는 작은 일이라도 시작하겠습니다. 결코 남의 물건을 훔치는 일은 하지 않을 것입니다."

이 판사는 라과디아 판사이고 후에 뉴욕시장이 되어 세 번이나 연임하게 되었습니다. 이분의 이름을 딴 라과디아 공항도 있습니다.

예수님의 지혜는 사람을 살리는 지혜입니다.
예수님의 지혜는 하나님의 사랑을 바라보게 하는 지혜입니다.
여러분에게도 이런 신적 지혜가 있기를 소망합니다.
어떤 사건이든 자신을 정죄하거나 타인을 정죄하지 마십시오.
하나님을 바라보는 지혜로 문제를 풀어가는 성도되시길 간절히 축원합니다.

사랑하면 행복해집니다

사랑을 믿음으로 기적을 만드는 축복
(마 9:27-30)

27. 예수께서 거기에서 떠나가실 새 두 맹인이 따라오며 소리 질러 이르되
다윗의 자손이여 우리를 불쌍히 여기소서 하더니
28. 예수께서 집에 들어가시매 맹인들이 그에게 나아오거늘 예수께서 이르시되
내가 능히 이 일 할 줄을 믿느냐 대답하되 주여 그러하오이다 하니
29. 이에 예수께서 그들의 눈을 만지시며 이르시되 너희 믿음대로 되라 하시니
30. 그 눈들이 밝아진지라 예수께서 엄히 경고하시되 삼가 아무에게도 알리지
말라 하셨으나

오늘 본문에 두 맹인의 이야기가 소개되고 있습니다. 예수님의 소
식을 들은 두 맹인의 마음에 믿음이 자라나기 시작했습니다.

"하나님이 우리를 고쳐주시기 위해 메시아이신 예수님을 보내신
거야. 우리가 그분을 만나기만 하면 우리는 눈을 뜰 수 있을 거야."
두 사람은 소망을 품기 시작했습니다.

여러분, 감히 맹인이 눈을 뜰 것을 기대했다면 대단한 믿음이요, 비전입니다. 이들이 얼마나 예수님이 자기 동네를 지나가시기를 기도했을까요? 예수님이 지나가셔도 보지 못하니 예수님을 놓칠까 봐 얼마나 조바심과 안타까움이 있겠습니까?

어느 날 예수님께서 지나가신다는 말을 들은 두 맹인은 외치기 시작했습니다.

"다윗의 자손 예수여, 우리를 불쌍히 여기셔서 고쳐주세요."

두 맹인은 예수님의 자비하심과 그 사랑에 호소했습니다.

"우리를 불쌍히 여기셔서 고쳐주세요."

예수님은 이들의 외침을 듣고 걸음을 멈추셨습니다. 그리고 이들에게 매우 흥미로운 질문을 던지셨습니다.

"내가 능히 이 일 할 줄을 믿느냐?"

예수님이 왜 이런 말씀을 하실까요? 맹인들이 얼마나 간절하게 눈을 뜨고 싶겠습니까? 보통 사람 같으면 그냥 기도해주셨을 것입니다. 그런데 예수님은 모든 사건을 통해 그의 신앙이 성장하도록 이끄십니다. 그래서 "내가 능히 이 일 할 줄을 믿느냐?" 확인하시는 겁니다. 예수님은 물고기를 주는 것이 아니라 물고기 잡는 법을 알려주십니다. 이것이 주님의 사랑입니다.

두 맹인은 주의 말씀에 응답하면서 그 믿음이 바위처럼 단단해짐니다.

"주님, 그렇습니다. 주님이 저희를 고쳐주시리라 조금의 의심도 없이 확신합니다. 주님께는 능력이 있습니다. 저희는 주님을 믿고 신뢰합니다."

이에 예수께서 그들의 눈을 만지시며 이르시되 너희 믿음대로 되라 하시니 (마 9:29)

저는 이 말씀에 깜짝 놀랐습니다. 아니 그들의 믿음이 부족해서 눈이 안 떠지면 어떡합니까? 그러면 믿음이 자랄 때까지 다시 맹인으로 살아야 한단 말입니까? 그러니 "믿음대로 되라." 하지 말고 그냥 "눈을 뜰지어다." 하시면 좋지 않습니까? 그런데 주님은 맹인들의 그 작은 겨자씨만한 믿음을 활용하실 뿐 아니라 그들의 부족한 믿음은 주님이 다 채우시는 것입니다.

그 눈들이 밝아진지라 (마 9:30)

두 맹인은 하나님이 자신들을 위해 특별한 일을 행하시리라 믿었고, 그 믿음대로 응답받았습니다. 이 이야기에서 상황을 바꾼 것은 두 맹인의 믿음이었습니다. 믿은 대로 그들은 고침을 받았습니다. 두 맹인은 예수님께서 자신들을 고쳐주실 거라고 믿었습니다.

하지만, 여러분 생각해보십시오. 모두가 무시하고 멸시하는 맹인입니다. 그들의 존재가치는 너무나 미미해서 '감히 예수님이 우리 같은 맹인의 요청을 들어주실까? 아니, 우리 같은 사람들이 감히 예수님을 만날 수나 있을까?' 하고 생각할 수 있는 사람들입니다.

그러나 이들은 예수님을 믿었습니다. 세상은 다 우리를 멸시해도 예수님은 우리를 따뜻한 사랑으로 도와주실 것이라고 믿었습니다. 그래서 27절에 "소리 질러 이르되 다윗의 자손이여 우리를 불쌍히 여기소서!"라고 당당하게 외칠 수 있었던 것입니다.

예수님의 사랑과 인격을 믿지 못하면 외칠 수 없습니다. "예수님, 나 여기 있어요, 나를 좀 쳐다봐주세요." 라고 소리칠 수 없습니다.

이렇게 생각하는 분들이 종종 있습니다.

'하나님은 너무 바쁘셔서 나 같은 사람의 기도는 들을 시간이 없으실 거야. 하나님한테 내가 별로 중요한 사람이 아닐 거야. 내가 교회에서 봉사를 많이 한 것도 아니고, 대단한 능력이 있는 것도 아니고, 중요한 일을 하는 것도 아니고. 그러니 하나님은 나보다 더 중요한 사람들의 기도에 관심이 있으실 거야.'

그렇지 않습니다. 하나님은 전 세계 수십 억 인구 중에 바로 나 한 사람에게 관심이 있으십니다. 하나님께 '내가' 바로 중요한 사람입니다. 내가 놀라운 능력이 있고 똑똑해서 그런 것이 아닙니다. 하나님이 나를 창조하셨고 나를 위해 목숨을 버리셨기 때문에, 그 사랑 때문에 내가 하나님께 가장 중요한 것입니다. 세상에서는 나를 별 볼 일 없는 사람 취급해도 하나님께 나는 천하보다 소중한 사람인 것입니다.

이것을 믿을 때 기적을 경험합니다. 하나님의 능력을 경험합니다.

우리는 무엇을 믿습니까? 예수님이 나를 고쳐주실 능력이 있는 것을 믿습니다. 그러나 그보다 더 중요한 것은 예수님이 나를 사랑하신다는 것을 믿는 것입니다. 능력만 믿으면 예수님을 이용하게 됩니다. 그러나 사랑을 믿으면 사랑 안에서 모든 것을 누리게 됩니다.

아빠가 자녀를 사랑하니까 돈을 줍니다. 모든 필요한 것을 줍니다. 사랑하니까 자녀를 위해 아빠의 능력을 사용하는 것입니다. 그러나 능력이 있어도 사랑하지 않으면 그를 위해 능력을 사용하지 않습니다. 내가 아무리 돈이 많아도 옆집 아이에게 돈을 주지는 않습니다.

사랑이 중요합니다. 하나님이 나를 사랑하십니다. 그래서 나의 필요를 채워주고 싶어 하십니다. 나의 믿음을 키워주고 싶어 하시고, 내가 비전을 위해 살고 행복하게 사는 것을 보고 싶어 하십니다. 이 사실을 믿어야 합니다.

"너희가 믿는 그대로 되라!"

이 얼마나 나를 믿어주는 사랑의 말씀입니까?

여러분은 무엇을 믿고 있습니까?

부족한 믿음, 겨자씨만한 믿음으로 나가십시오. 부족하고 연약한 부분은 하나님이 채우십니다.

하나님의 사랑을 믿으시기를 축원합니다.

오늘의 내 삶은, 내 수준은 어제 내 믿음의 결과입니다. 따라서 오늘 내 믿음이 미래의 내 수준을 만들 것입니다.

하나님은 아브라함의 나이 백세, 그 아내 사라가 90세 가까웠을 때에 아들을 낳을 것이라 말씀하셨습니다. 이 믿을 수 없는 소식을 들었을 때 사라는 하도 어이가 없어서 웃음을 참지 못했습니다. 하나님이 아이를 주시겠다고 말씀하신 지 25년이 지나도 아이는 생기지 않았습니다. 이제 아흔 살의 할머니입니다.

어떻게 자녀를 낳으라는 것입니까? 그래서 웃었습니다. 그런데 정말 하나님이 약속하신 대로 아브라함과 사라에게서 이삭이 태어났습니다. 이삭이 더 빨리 태어나지 못한 주원인, 즉 약속의 실현이 그토록 오래 지연된 이유는 사라의 불신 때문이었습니다. 사라는 믿음의 눈으로 보지 않았습니다. 그가 빨리 믿었다면 빨리 아이를 낳을 수 있었을 것입니다.

그런데 그가 믿지 않으니 신체적으로 완전히 임신할 수 없는 불가능의 상태까지 간 것입니다. 이 불가능한 상태에서 자식을 낳아야 정말 하나님이 하셨다는 것을 믿을 것이 아닙니까?

성도 여러분, 불신과 의심을 내려놓고 하나님의 사랑과 능력을 믿으시길 축원합니다.

하나님은 우리를 평범하게 만들지 않으셨습니다.

하나님과 함께 위대한 삶을 꿈꾸십시오.

하나님은 성경 곳곳에서 우리에게 놀라운 복을 말씀하셨습니다.

하지만 이런 복이 저절로 굴러들어오지는 않습니다. 우리도 해야 할 일이 있습니다. 하나님의 사랑으로 내가 복 받을 줄 믿고, 이미 복 받은 자신의 모습을 보고, 이미 복을 받은 것처럼 행동해야 합니다. 그럴 때 약속은 현실이 됩니다.

오래 전에 한 남자가 유럽에서 미국으로 여행하기 위해 순항함 승선권을 샀습니다. 당시 배로 대서양을 횡단하려면 2-3주가 걸렸습니다. 그래서 그는 여행 가방을 사서 치즈와 비스킷으로 가득 채웠고 돈은 바닥났습니다. 배에 오르자 모든 승객은 크고 화려한 식당에 모여 맛난 음식을 먹는데 그 혼자만 한쪽 구석으로 가서 자신이 싸 온 치즈와 비스킷을 먹었습니다. 그도 식당에 가서 맛있는 음식을 먹고 싶었지만 돈이 없었습니다.

항해가 끝나갈 무렵에 한 사람이 그에게 다가와서 말했습니다.

"선생님, 식사 시간마다 저기에서 치즈와 비스킷을 드시던데 이유가 뭡니까? 왜 식당에 들어와서 함께 식사하지 않습니까?"

이 말에 남자는 얼굴이 빨개져서 대답했습니다.

"솔직히 말씀드리면 저는 승선권도 겨우 샀습니다. 좋은 음식을 먹을 여유가 안 됩니다."

그러자 상대방은 눈이 둥그레져서 고개를 갸우뚱거리며 말했습니다.

"선생님, 티켓 값에 음식 값까지 포함된 것을 정말 모르십니까? 음식 값은 이미 다 지불되었습니다."

많은 사람이 이 순진한 여행객과 같습니다. 많은 성도들이 이미 하나님이 우리의 행복을 위해 값을 치르신 것을 알지 못하고 예수 믿는 것이 겨우 천국행 티켓 하나 얻은 것으로 생각합니다.

예수님을 믿는 것이 얼마나 대단한 것인지 모릅니다. 그래서 하나님이 주신 복을 제대로 누리지 못합니다. 이들은 천국으로 향하는 순항함에 탔지만 하나님의 축복이 승선권에 포함되어 있다는 사실을 모르는 것입니다. 영적 승선권은 예수님의 십자가 죽음입니다. 예수님이 나를 위해 죽으실 때 이미 나의 행복은 모두 보장된 것입니다.

하나님이 얼마나 놀라운 축복을 주셨는지 알아야 합니다. 그 축복을 내가 스스로 받을 줄 알아야 남에게 베풀 수 있습니다. 어떤 아이들의 얼굴에 분노가 있고, 눈에 살기가 있고, 옷은 더럽고, 온 몸에 냄새가 난다면 무슨 생각이 들겠습니까?

"저 사람은 좋은 아버지가 아닌가 봐. 아이를 전혀 돌보지 않나봐." 이런 생각이 들지 않겠습니까? 실제로 아이의 얼굴이 행복하지 않고 꾀죄죄한 것은 부모가 아이에게 관심과 사랑이 없고, 무능력하고 가난하다는 반증입니다.

마찬가지로 우리가 상처와 가난에 찌든 정신으로 인생을 살면 하나님께 영광이 되지 않습니다. 오히려 하나님의 높으신 이름을 깎아내리는 짓입니다. 늘 현실에 굴복하고 좌절하면서 불안과 염려로 인생을 사는 사람을 하나님은 안타까운 마음으로 바라보십니다. 하나님을 믿고 이 맹인들처럼 하나님 앞으로 달려오라고 호소하십니다.

하나님의 사랑을 믿음으로 외치시기 바랍니다.
"너희 믿음대로 되라"는 말씀이 우리 삶 속에 이루어질 것입니다.
하나님의 사랑과 능력을 믿고 하나님을 위해, 자신과 세상을 위해 위대한 비전의 삶을 사시길 축원합니다.

사랑하면 행복해집니다

8 하나님의 사랑을 아는 행복

(갈 5:22-23)

22 오직 성령의 열매는 사랑과 희락과 화평과 오래 참음과 자비와 양선과 충성과
23 온유와 절제니 이 같은 것을 금지할 법이 없느니라

　　황용석 장로님의 이야기입니다. 이분은 한국전쟁 후에 전쟁고아들을 돌보기 위해 '신망애육원'을 설립하였습니다. 그 후 평생을 고아들과 함께 살다가 하나님 품으로 가셨습니다. 황용석 장로님의 삶은 고아들을 위해 자신의 모든 것을 헌신한 사랑의 삶이었습니다. 그래서 언뜻 생각하면 고아원이 장로님의 삶의 열매인 것처럼 보입니다. 하지만 그 고아들을 키운 열매보다 더 귀한 열매가 있습니다. 그것은 장로님의 신앙 인격입니다. 그분의 신앙 인격이 고아들에게 아름다운 감동을 주어 고아원 사역이 잘 이루어졌습니다.

　　하지만 장로님은 원래 그런 분이 아니었습니다. 부정적이고 비판적이며 다혈질적인 분이었습니다. 늘 분노가 많았습니다. 이로 인하여

위장병과 빈혈 증세로 항상 병약했다고 합니다.

그런데 어느 날 이분이 말씀을 묵상하다가 자신의 몸이 약해진 원인을 깨닫게 되었습니다.

'내가 부정적이고 분노를 쏟아냄으로 내 인격과 건강이 파괴되고 있구나.'

이런 깨달음을 준 것이 우리가 잘 아는 말씀입니다.

> 항상 기뻐하라 쉬지 말고 기도하라 범사에 감사하라 이는 그리스도 예수 안에서 너희를 향하신 하나님의 뜻이니라 (살전 5:16-18)

사실 그는 지쳐있었습니다. 돌보아야 할 고아는 많고, 돈은 없고, 어쩌란 말인가……. 그래서 하나님께 원망하는 장로님이었습니다. 하지만 하나님은 먼저 장로님의 인격을 감사로 바꿉니다. 늘 보던 말씀인데 그날 그의 가슴을 강타하며 새로운 깨달음을 주신 것입니다.

그 후 하나님은 또 깨달음을 주십니다. 자신이 아이들에게 심부름을 시킬 때는 일을 할 수 있는 아이에게만 시킨다는 사실을 떠올렸습니다. 그렇다면 하나님도 내게 어떤 일을 시키실 때는 내가 할 수 있으니 시키지 않겠는가? 이런 깨달음이 생긴 것입니다.

고아원 운영하기가 아주 어려웠지만 다시금 '믿음으로 하리라. 말씀대로 감사와 순종으로 살아보리라.'는 결심이 생기게 되었습니다. 제일 먼저 '범사에 감사' 하는 일부터 실천하기로 했습니다.

결심 첫날, 새벽기도회에 가려고 뛰어가는데 무심결에 큰 돌을 건어찼습니다. 발이 얼마나 아픈지, 깨질 것만 같았습니다. 순간 화가 올라오는데 누군가에게 욕해주고 싶습니다.

'그때 감사하기로 했잖아……' 라는 주님의 음성이 들립니다. 그 순간 장로님이 순종하였습니다.

'그래, 감사하자!'

결심하니까 '어떤 감사를 드려야 할까?' 생각이 들었습니다.

"그래. 다리가 부러지지 않았으니 감사합니다." 고백하였더니 통증이 가라앉습니다.

그러면서 이런 고백이 나왔습니다.

"사람이 어찌 단번에 잘 할 수가 있겠나? 계속 연습해야지……."

그 후 평생을 감사의 삶을 훈련하며 사시던 장로님이 나이 들어 뇌경색으로 병원에 입원하게 되었습니다. 의식이 희미한 거의 무의식 상태로 검사를 받고 치료를 받는 동안에도 언제나 '좋다'는 말씀을 되풀이하시는 것입니다.

분명 몸이 아픈데 아프다 하지 않고 "응, 좋다." 라고 말씀하십니다. 장로님의 딸이 "아버지, 어떠세요?" 물어보면 "응, 좋다." 라고 말씀하십니다. "아버지, 정말 괜찮으세요?"하면 "응, 여기 사람들이 참 좋구나." 하시는 것입니다.

그런 장로님을 보면서 의사들은 이렇게 무의식 속에 있는 모습이 진짜 장로님의 인격이라고 감동합니다.

어느 날 병상에 누워있는 장로님께 딸이 뭔가 아버지께 해드리고 싶어서 "아버지 소원이 뭐예요? 뭐가 제일 하고 싶으세요?"하고 물었더니 장로님은 해맑게 웃으며 대답하십니다.

"응, 나는 하나님 앞에 어린 아이가 되고 싶어. 그게 제일 큰 나의 소원이다. 어린 아이는 부모만 있으면 되거든. 나도 하나님 아버지께 어린 아이처럼 순종하며 살고 싶어. 그게 나의 평생의 소원이었다. 나는 이제 내 할 일 다 했다. 이제 천국 갈 일만 남았구나."

그렇게 말씀하시던 장로님은 며칠 후 잠이 드신 듯 너무나 평안한 얼굴로 천국에 가셨습니다.

무언가 성취하고 이루는 것만이 열매가 아닙니다. 하나님을 온전히 의지하고 순종함으로 예수님의 모습을 닮아가는 것이 제일 귀한 열매입니다.

우리가 하나님의 일을 할 때, '매 순간순간 삶을 살아갈 때' 우리의 삶의 분위기가 어떠할까요? 우리의 삶에 사랑과 희락과 화평, 오래 참음, 자비와 양선과 충성과 온유와 절제가 나타나는 분위기, 예수님의 따뜻함, 예수님의 진실함, 예수님의 향기가 나는 분위기가 나타나는 것이 신앙인의 열매입니다.

성경에서 '열매'는 무척 중요한 개념입니다. 열매는 그의 삶을 증거하며 보여줍니다. 내 인생은 어떤 열매를 맺고 있습니까?

나는 포도나무요 너희는 가지라 그가 내 안에, 내가 그 안에 거하면 사람이 열매를 많이 맺나니 나를 떠나서는 너희가 아무 것도

할 수 없음이라 (요 15:5)

성도 여러분, 성령의 열매는 내가 예수 안에, 예수가 내 안에 거하고 우리가 예수님께 잘 붙어있을 때에 맺게 되는 것입니다.

이번 여름 우리나라에 태풍이 여러번 와서 농민들이 너무나 많은 고통을 받았습니다. 그들의 아픔을 보니 제 마음도 크게 아팠습니다. 특별히 과수원을 하는 농부들의 고통이 더 심하게 느껴졌습니다. 과일들이 아직 나무에 붙어있어야 하는데 태풍 때문에 붙어있지 못하고 떨어지고 말았으니 농부의 고통이 얼마나 크겠습니까? 얼마나 낙심되고 절망이 되겠습니까?

그 뉴스를 보면서 우리 인생의 농부 되신 하나님의 아픈 마음이 떠오릅니다. 불순종하는 연약한 우리 때문에 십자가에서 우시는 예수님의 마음이 생각이 납니다. 그래서 주님을 향해 은혜를 구하게 됩니다.
"주님! 주님의 가지에 저와 저의 성도들이 잘 붙어있게 해주세요.
천국 가는 그날까지 잘 붙어있어 열매를 맺게 도와주세요.
사탄이 태풍이란 시험으로 우리를 흔들 때, 끝까지 주님만 바라보다가 죽으면 죽으리이다의 믿음으로 살게 해주세요."

그때 주님이 함께 하신다는 확신을 주십니다.
"내가 너와 너의 교회를 축복하리라. 붙들어주리라"
제 마음 깊이 '아멘, 아멘'을 외치게 됩니다.

오늘 본문에 성령의 아홉 가지 열매가 나온 배경은 다음과 같습니다. 바울이 갈라디아교회를 개척하고 새로운 지역으로 전도하기 위해 떠났습니다. 그런데 바울이 떠난 후에 이단의 가르침이 갈라디아교회에 침투해 들어왔습니다. 그들은 바울이 가르친 '오직 은혜' 만으로 구원받을 수 없고 '할례'를 받아야 한다고, 율법을 지켜야 한다고 가르쳤습니다.

여러분, 구원은 오직 '하나님의 은혜' 입니다. 우리가 예수님이 나를 위해 십자가에 죽었다는 것을 믿게 된 것 이것이 은혜입니다. 구원받기 위해 다른 무엇이 필요하지 않습니다. 바울은 안타까운 심정을 가지고 갈라디아서를 통해 '오직 은혜, 오직 믿음'을 강조하고 있습니다.

이런 배경에서 볼 때 갈라디아서 5장의 '성령의 열매' 역시 우리의 힘으로는 절대로 맺을 수 없는 것입니다. 반드시 성령님을 의지해야 맺을 수 있는 열매입니다. 한 순간이라도 우리가 예수님께 붙어있지 않으면 교만과 자기 의를 내세우는 것이 인간입니다.

성경 원문에 보면 성령의 열매가 복수가 아닌 단수로 되어 있습니다. 분명 열매는 9가지인데 왜 단수일까요? 이것은 성령의 열매가 추구하는 것은 예수 그리스도의 인격을 닮는 것, 그 하나라는 것입니다. 예수님의 인격을 닮는 그 하나의 열매에 아홉 가지 맛과 색깔이 나타나는 것입니다.

그 중에서 첫 번째 열매인 사랑을 생각해봅시다. 사랑을 표현하기 위해 고민하다가 한 예화를 발견했습니다. 어느 아프리카의 외진 마을에서 의료봉사를 하는 어느 의사가 경험한 감동적인 이야기입니다.

그 마을에는 외국에서 공부를 하고 돌아온 한 젊은 청년이 있었습니다. 그는 젊은 나이에도 불구하고 선진 영농기법과 축산기술을 배워 이 마을에서 가장 부자가 되었습니다. 또 장차 큰 기업을 일으켜 빈곤에 허덕이는 그 나라의 사람들을 위해 열심히 일하겠다는 꿈을 가지고 있는 아주 귀한 청년이었습니다. 이 청년이 이제 결혼을 준비합니다.

이 마을에는 독특한 결혼 풍습이 있었습니다. 결혼을 하려는 남자가 가축을 끌고 처녀의 집에 가서 장인 될 사람에게 가축을 선물로 주고 청혼을 하는 것입니다. 아주 훌륭한 신붓감에겐 살찐 암소 세 마리를 주는데 '암소 세 마리'는 이 마을이 생겨난 이후로 단 두 사람뿐이었다고 합니다. 좋은 신부는 보통 암소 두 마리, 보통 신부는 암소 한 마리 정도면 승낙이 되는 것입니다.

하지만 이 청년은 '살찐 암소 아홉 마리'를 청혼 선물로 끌고 나타났습니다. 마을사람들은 전부 놀라서 술렁대며 뒤를 따라가기 시작했습니다. 이 청년은 마을 촌장의 집도 지나가고, 학교 여선생님 집도 그냥 지나칩니다.

그리고 어느 허름한 집 앞에 멈춰 서서는 남루한 노인의 집 기둥에 아홉 마리의 암소의 고삐를 매어 주면서 청혼을 하였습니다. 그 노인의 딸은 병약한 외모에, 키는 너무 크고, 몸은 아주 말랐고, 마음까지 심약해, 늘 고개를 숙이고 걸었습니다. 이런 처녀의 값은 암소도 아닌,

염소 두 마리 수준이라는 것입니다. 그런데 암소 아홉 마리를 제공하고 그 노인의 딸과 결혼을 한 것입니다.

이 훌륭한 청년이 왜 그랬을까? 의사는 매우 궁금하였지만 물어보지 못하고 고국에 돌아오게 되었습니다. 오랜 세월이 지나 이 의사는 다시 그 마을로 휴가를 가게 되었습니다. 그 옛날 청년은 이젠 사업가가 되어 그 나라에 큰 영향력을 끼치고 있었습니다. 의사는 그 사업가와 교제하면서 그 옛날 아내에게 암소 아홉 마리를 준 이유를 물었습니다.

그런데 사업가는 빙긋 웃을 뿐 별다른 이야기를 하지 않았습니다. 그때 찻잔을 가지고 한 여자가 들어왔습니다. 그녀는 우아한 자태에 교양 있는 말을 하였고 사람의 마음을 편하게 해주는 미소를 머금고 있었습니다. 의사는 그 여인의 모습이 너무 아름다워서 순간 정신이 아득해질 정도였습니다.

정신을 수습한 의사는 속으로 '아하, 이 사람이 그때의 아내 말고 또 다른 아내를 맞이했구나. 그래, 저 정도는 되어야 이 사람과 어울리겠지.' 라는 생각을 했습니다.

그런데 바로 그때 사업가가 입을 열었습니다.

"선생님 저 사람이 그때의 그 심약했던 처녀입니다."

너무나 놀란 의사를 바라보면서 사업가는 이렇게 말합니다.

"저는 아주 어렸을 때부터 저 사람을 사랑했습니다. 외국에서 공부하던 긴 세월 속에서도 저 사람의 맑고 고운 눈동자를 한시도 잊을 수가 없었습니다. 저는 당연히 저 사람과의 결혼을 꿈꿔왔습니다. 하지만 우리 마을의 청혼 관습 때문에 저도 가축을 몰고 가야만 했습니다. 문제는 그 청혼의 순간에 몇 마리의 암소를 받았느냐가 평생의 자기가치를 결정할 수도 있다는 점이었습니다. 저는 아내를 사랑합니다. 저는 제 아내가 스스로 자신의 가치를 한두 마리의 암소 값에 한정하고 평생을 사는 것을 원치 않았습니다. 세 마리를 선물하면 그 옛날 세 마리를 받았던 훌륭했던 사람들과 비교할 것입니다. 그러면 심약한 제 아내는 또 움츠려 들지도 모르기 때문에 저는 세 마리를 훨씬 뛰어넘는 아홉 마리를 생각한 것입니다. 처음 아내는 아홉 마리의 암소 때문에 무척 놀란 듯 했습니다. 하지만 시간이 흐르자 아내는 자신의 가치를 아홉 마리 이상의 수준으로 바라보더군요. 그리고 더 큰 자신감을 느끼며 점점 더 아름다워져 갔습니다. 제가 아홉 마리의 암소를 몰고 간 것은 제가 아내를 이 세상 어느 누구보다도 사랑한다는 마음을 증명할 유일한 방법이었습니다. 아마 제 아내는 이 마을의 전설이 될 것입니다. 사랑한다면 최고의 가치를 부여해야 합니다.”

그렇습니다. 사랑하기에 내가 줄 수 있는 최고를 주는 것입니다.

성도 여러분, 하나님의 사랑은 어떻습니까?

하나님의 사랑은 하나님이 줄 수 있는 최고의 사랑을 우리에게 베푸셨습니다. 그것은 목숨을 주는 사랑입니다. 시시하게 암소 아홉 마리이겠습니까?

세상에 그 누구도 줄 수 없는 사랑을 나를 향해 베푸셨습니다. 나의 구원과 영원한 삶을 향한 하나님의 사랑의 열심은 대단합니다. 나를 구원하기 위해 하나밖에 없는 독생자, 성자 예수님의 목숨을 내어주는 사랑으로 나의 모든 죗값을 다 지불하셨습니다. 영원한 사랑, 영원한 축복으로 나를 맞아주십니다.

이 귀한 하나님의 사랑을 누가복음 15장 11-24절에 탕자의 이야기로 보여주고 있습니다. 누가복음의 탕자는 하나님 없는 삶, 자기 스스로의 행복을 만들기 위해 아버지의 재산을 강탈합니다. 이것이 인간의 죄악된 마음인 것 같습니다. 죄악된 인간은 늘 하나님이 없는 삶을 꿈꿉니다.

그는 아버지의 영향이 없어 보이는 나라에 가서 자신이 가져간 돈으로 사업도 합니다. 쾌락과 인생의 재미를 위해 돈도 펑펑 씁니다. 하지만 사업에 실패하고 가져간 돈을 다 잃으면서 상황이 변합니다. 어떻게든 살 궁리로 취직도 하고 이것저것 해보다가 점점 더 어려워지고 맙니다.

탕자는 먹고 살기 위해 돼지를 돌보는 목동이 됩니다. 하지만 돼지가 먹는 쥐엄열매도 목동에게는 주지 않습니다. 너무나 배고파 견딜 수 없습니다. 탕자가 더 이상 버틸 수가 없을 때, 그는 자신의 자존심을 벗고 아버지의 집을 생각하게 됩니다.

그러나 이 아들의 마음속에는 아직 해결되지 않은 상처가 남아 있습니다. 아버지를 배신한 자신, 허랑방탕했던 삶, 굶주림의 고통과 친구들로부터 버림받은 일들이 생각납니다. 그래서 탕자는 굶주림, 자기 아픔, 자기 상처밖에 생각하지 못합니다.

내가 너무 힘들기 때문에 하나님의 마음을 모릅니다. 그는 아버지의 마음을 모릅니다. 그러나 하나님 아버지는 아들이 자신을 버리는 배신의 상처를 주었지만 끝까지 그 아들을 사랑하고 용서하며 기다리십니다. 탕자는 아버지의 이런 사랑을 모릅니다.

아버지는 아들이 살아있는 것만으로도, 죽지 않고 돌아온 것만으로도 만족합니다. 지난날의 그의 실수와 실패는 묻지도 않고 책임추궁도 없습니다. 그저 돌아와 준 것이 감사합니다. 아들이 자신에게 준 상처, 아픔, 모욕도 다 용서하고 품어줍니다.

아버지는 늘 사거리에 나가서 아들을 기다렸기에 먼 발치에서 아들을 보고 금세 알아봅니다. 그래서 먼저 달려갑니다. 굶주려 지친 아들이 쓰러지기 전에 뛰어가 그 아들을 힘차게 부둥켜안습니다. 그 더러운 아들, 냄새나는 아들의 목을 껴안고 입을 맞추어 아버지의 뜨거운 사랑을 아들의 육신과 영혼에 쏟아 붓는 것입니다.

하지만 탕자는 냉정합니다. 아버지의 사랑이 부담스럽습니다. 자기 양심이, 자존심이 용납지 않습니다. 그는 길을 떠나면서부터 속으로 준비해온 대사를 읊습니다.

"아버지, 내가 하늘과 아버지 앞에 죄를 지었습니다. 이제부터 나는 아버지의 아들이라고 불릴 자격이 없습니다."

아버지의 이런 환대를 자기는 받아들일 수 없다는 것입니다. 자신은 지금 아들의 자격으로 돌아온 것이 아니라는 것입니다. 그래서 그는 준비했던 대로 "나를 품꾼으로 써 주소서."라는 굴욕적인 말을 하려 했을 것입니다.

성도 여러분, 오늘 우리의 고통이 여기에 있습니다. 우리가 하나님께 순종하지 못하고 죄를 지을 때, 내 자존심, 내 양심이 작동합니다.

"나도 내 죄를 압니다. 어찌 더 이상 용서를 입을 수 있겠습니까? 그러니 이제 그냥 돌아오라, 나의 사랑과 은혜를 입으라, 그런 말씀일랑 그만 하십시오. 내가 최소한의 수준에서 먹고 살게 해 주시면 그것보다 더 바라지 않겠습니다. 그저 하루 세끼 먹고, 누울 곳이 있으면 됩니다. 나를 내버려두세요."

여러분, 이 주장이 겸손한 것 같지만 고독과 외로움, 아픔, 상처를 안고 완악한 마음으로 다시 하나님의 품을 떠나는 것입니다. 하나님 아버지는 더 이상 물러서지 않습니다. 바로 이 대목에서 아버지의 강력하면서도 분명한 사랑의 모습이 등장합니다.

아버지는 온 천하에 선언합니다.

"이 내 아들은 죽었다가 살았으며 내가 잃었다가 다시 얻었노라."

그리고 명령합니다.

"좋은 옷을 꺼내 입히고 손에 반지를 끼우며 발에 신을 신겨라. 그리고 살찐 송아지를 잡아 잔치를 벌이자. 우리가 먹고 즐기자."

아들의 그 다음 말을 행동으로 막아버린 것입니다. "품꾼으로 써주소서." 라는 말을 아예 할 필요가 없는 상황을 만들어 준 것입니다.

품꾼의 모습으로 돌아온 아들에게 아버지는 그가 누구인지 확실하게 일깨워 준 것입니다. 내가 영원 전부터 준비하며 사랑해온 자녀임을 다시금 확인시켜 주시는 것입니다.

하나님의 최우선적 관심은 돌아온 탕자가 새로운 삶을 시작하는 것입니다. 지난날을 다 잊고, 다 씻고, 다 치유하고 다시 시작하라는 것입니다.

"너 혼자 하지 말고 내가 도와주마. 나와 함께 하자."

탕자는 새로운 피조물로, 새로운 축복의 시작을 할 수 있습니다. 하나님이 그를 사랑하시기 때문입니다. 우리의 인생에서 하나님이 나를 얼마나 사랑하시는지 그 깨달음이 일어날 때, 내 인생은 변화됩니다.

> 사랑은 여기 있으니 우리가 하나님을 사랑한 것이 아니요 하나님이 우리를 사랑하사 우리 죄를 속하기 위하여 화목 제물로 그 아들을 보내셨음이라 (요일 4:10)

우리가 하나님을 먼저 사랑한 것이 아닙니다. 하나님이 우리를 사랑하셔서 목숨을 내어주셨습니다. 그 사랑의 감동 때문에 우리도 그분의 뒤를 따르는 것입니다. 힘들고 지치고 굶주린 영혼에게 우리의 어깨와 우리의 품을, 우리의 시간과 우리의 돈을 나누는 것입니다.

하나님의 사랑으로 충만해진 자는 그 마음에 기쁨과 감사를 가지고 자신을 나누게 됩니다. 그는 더 이상 이기적이지 않고, 독선적이지 않고, 강퍅하지 않습니다. 하나님의 사랑이 그런 것들을 모두 흔적 없이 녹여냈기 때문입니다. 사랑이란 무엇입니까? 나를 향한 하나님의 마음을 아는 것입니다.

이제는 더 이상 하나님의 사랑을 의심하지 맙시다.
더 이상 하나님의 마음을 아프게 하지 맙시다.
하나님의 사랑을 믿고, 나를 그분께 드립시다.
나를 영원히 채우시는 하나님을 바라보면서 그 사랑에 감동하여 사랑을 나누는 성도가 되시길 축원합니다.

참고 문헌

장경철 / 사랑이 가장 아름답다, 두란노, 2012.
에마뉘엘 수사. 강주헌 역 / 사랑의 회복, 청림출판, 2013.
오스왈드 챔버스. 스데반 황 역 / 놀라운 하나님의 사랑, 2011.
제임스 브라이언 스미스. 서하나 역 / 놀라운 하나님의 사랑, 좋은씨앗, 2010.
찰스 스탠리. 김미연 역 / 어메이징 러브, 넥서스 크로스, 2009.
프랭크 앤드류스. 구승준 역 / 사랑의 연습, 한문화, 2009.

교육·상담훈련

- 인생은 축제처럼
- 인격치료(학지사)
- 그래도 삶은 소중합니다
- 상담의 과정과 기술
- 정신역동상담
- 감수성 훈련 워크북

목회와 설교집

- 인격목회
- 상담목회
- 상담적 설교의 이론과 실제
- 감사하면 행복해집니다
- 사랑하면 행복해집니다

비전시리즈

- 비전과 리더십
- 비전의 사람들
- 세상을 변화시키는 리더십과 팔로워십

소그룹 훈련시리즈

- 의사소통 훈련
- 인간관계 훈련
- 거절감치료
- 분노치료
- 행복 바이러스
- 성령의 능력으로 사는 그리스도인
- 감수성 훈련 워크북

결혼·가정 사역

- 한국적 이마고 부부치료
- 부부심리 이해
- 행복결혼학교
- 아버지 학교
- 어머니 학교
- 위대한 부모 위대한 자녀

제자훈련 시리즈 전4권

- 1권. 제자로의 발돋움
- 2권. 믿음의 기초
- 3권. 그리스도와의 동행
- 4권. 인격적인 제자로의 성장
- 전인성숙을 위한 제자훈련 시리즈 인도자지침서

새신자용 교재

- 새로운 시작

심 수 명 (Ph.D., D.Min.)

한밀교회를 개척하여 상담목회를 적용하고 있는 저자는 상담전문가이며 신학과 심리학, 상담과 목회현장을 아우르는 학자이며 목회자입니다. 저자는 치유와 훈련, 목회를 마음에 품고 한 영혼의 전인적인 돌봄, 부부관계 회복, 비전있는 자녀교육, 건강한 교회세움, 상담전문가 양성 등에 헌신해 왔습니다. 그 노력의 일환으로 제자훈련 시리즈, 상담 훈련용 교재들을 출판해 왔습니다.

"기독교상담적 관점에서 본 정신역동상담"이 문화체육관광부 우수학술도서로 선정되고, 「목회와 신학」에서 한국교회 명강사(상담분야)로 선정되는 등 한국교회와 사회에 영향력을 끼쳐 왔습니다.

안양대와 총신대(신학), 고려대(석사, 상담심리)와 미국 풀러신대에서 목회상담학 박사와 국제신대에서 상담학 철학박사 학위를 취득하였습니다.

상담자격은 한국 목회상담협회 감독, 한국 복음주의 기독교상담학회 감독상담사, 한국 기독교 상담 및 심리치료학회 상담전문가, 한국 가족상담협회 수련감독으로 활동 중입니다.

여성부 정책자문위원으로 활동했으며 현재 한기총 다세움목회대학원 원장, (사) 한국인격심리치료협회 대표, 국제신학대학원대학교 상담학 교수로 사역하고 있습니다.

● 대표저서

「상담목회」(도서출판 다세움), 「인격치료」(학지사), 「한국적 이마고 부부치료」
(도서출판 다세움), 「그래도 삶은 소중합니다」(도서출판 다세움), 「정신역동
상담」(도서출판 다세움) 외 다수

● 이메일

soomyung2@naver.com

● 연락처

- 한밀교회 : 02) 2605-7588, www.hanmil.or.kr
- (사) 한국인격심리치료협회 : 02) 2601-7422~4
- 국제신학대학원대학교 : 02) 839-0388, www.kukje.ac.kr

심수명목사 사랑설교집

발 행 김선경
저 자 심수명
기 획 김선경 유근준
교 정 전은희
디자인 최정민
제1판 1쇄 2014. 10. 10
발행처 도서출판 다세움
        서울시 강서구 수명로 2길 88(내발산동 747)
전 화 02.2601.7422~4
팩 스 02.2601.7419